Walter W. Braun

Reflexion des Lebens in Lyrik und Prosa

von Resi Braun

Bibliografische Information der Deutschen Nationalbibliothek: Die Deutsche Nationalbibliothek verzeichnet diese Publikation in der Deutschen Nationalbibliografie; detaillierte bibliografische Daten sind im Internet über http://dnb.dnb.de abrufbar.

© 2016 Name des Autors/Rechteinhabers Walter W. Braun
Illustration: Walter W. Braun
Mitwirkende: Theresia Braun

Herstellung und Verlag: BoD – Books on Demand, Norderstedt

ISBN: 978-374-1276-576

Inhaltsverzeichnis

Vorwort...7

1 Mitten im Leben..9

2 Reime im Blick der Jahreszeiten................................33

3 Philosophie des Lebens..67

4 In Trauer..102

5 Lob dem Schöpfer.. 110

6 Familienglück..117

7 Fleißige Leute..133

Vorwort

Dem 1. Buch „Resi's Gedichte und sonst nichts" folgt nun das 2. Werk von Resi Braun.

Die Gedichte in Lyrik und Prosa spiegeln Stimmungen wieder, reflektieren Freuden oder auch Sorgen des Alltags. Sie sollen ein Blick werfen auf Feste und Feiern, sowie ein Lob sein auf die einzigartige Schöpfung in Flora und Fauna. Sie geben Ausdruck geben eines festverwurzelten Glaubens an Gott und seinem ewigen, allmächtigen Wirken.

Der Wunsch von Resi Braun ist, dass der Inhalt ihrer Gedichte zum Nachdenken anregt, darf aber auch da und dort Verwendung finden, wenn die geneigte Leserin - oder vielleicht ist es auch ein an Lyrik interessierter Mann - passende Zeilen für ein Jubiläum, für einen Festtags- oder Geburtstagsgruß sucht.

Walter W. Braun

August 2016

1

Mitten im Leben

Der Mensch

Das Wörtchen „werde" ward vernommen,
und schon warst du auf die Welt gekommen.
Doch kurz bemessen ist deines Lebens Frist,
die dir zum Erleben gegeben ist.

Währt das Leben 70, 80 oder gar 100 Jahre;
war es Arbeit, Sorge; viel' graue Haare.
Ist dir nur wenig Zeit auf Erden gegeben,
ist sie kostbar, eine teure Spanne Leben.

In Freud' und Leid, in Hader und Zwist,
stets du Gebender und Nehmender bist.
Ob Groß ob Klein, hast du wenig oder viel,
stets mischt das Schicksal mit, im Weltenspiel.

Treue Wegbegleiter hast du dir erbeten,
schweigsame oder solche die gerne reden.
Wie kurz oder lang der Weg sein wird,
war er gerade oder hast du dich verirrt.

Alles auf Erden hat eine begrenzte Zeit.
Am Anfang liegt das Ende schon längst bereit.
Mensch, bedenke doch hier auf Erden,
dass du zu Staub und Asche wirst einmal werden.

Nur Taten und Werke, Stück für Stück,
bleiben erinnernd auf dieser Welt zurück.
Wohl dem, dem später liebend wird gedacht,
der Freude geschenkt und Lachen gebracht.

Der stets seine Hand hat zur Versöhnung gereicht,
solchen fällt Abschied nehmen wahrlich leicht.

Ein Leben

Gleich den Blättern die vom Winde verweht,
sich Jahr für Jahr neigt und zu Ende geht.
Wie die Blätter im Wind, so ist das Leben,
Geburt und Tod, nur Nehmen und Geben.

Die klare Gesetzmäßigkeit der Natur,
vertont das Leben in Moll und Dur.
Ist es Frühling oder im Herbst des Lebens,
kein Tag, keine Stunde lebt sich vergebens.

Ob duldsam, kämpfend und streitend,
oder an Empfindlichkeiten leidend,
im tiefsten Innern manchmal ein Kind,
wir in Erinnerungen versunken sind.

Gedenken all der vergang'nen Tagen,
im Leid wehmutsvoll herum zu tragen.
Wie einst Kinder es schauen und verstehen,
nur einfach seinen Weg zu gehen.

Und ist ein Werk besonders geglückt,
wird's eilends ins rechte Licht gerückt.
Doch es bleibt nur ein schlichtes Resümee:
Zeitlichkeit bringt mal Lust, mal Herzensweh.

Sie gut zu nützen, bleibt ein teurer Rat,
gemessen wird später nach Wort und Tat.
Denn wie ein Blatt vom Ast sich trennt,
jeder Mensch ein Gast auf Erden sich nennt.

Entstehen

Ach wärest du mit dabei gewesen,
als Mutter Erde die Berge gebar,
Gebirge sich ihrem Schoße entwanden,
mächtig vor zig Millionen Jahren entstanden.

Wo sich glühend schufen wilde Kluften,
zu Stein erstarrten in grausigen Lüften.
Von all den grauen, kalten Grüften,
taute heiß die Sonne das eisige Kleid.

Zu Wasser wurde es, riss tiefe Rinnen,
schuf Täler, zermalmte den steinigen Grund.
Formte und baute bizarr schöne Zinnen,
oder tat auf, der feurigen Erde Schlund.

Bizarre Bergwände mit weißen Häuptern,
endlos hoch gen Himmel starren
und über der aufragenden Felsenwand
Wolkentürme wilder Winde harren.

Grellen Blitzen folgten Donner mit schwerem Schlag,
verwandelten Nächte zum helllichtem Tag.
Bedarf die Allmacht einer helfenden Hand,
du hättest dazu nur winzig, geringen Stand.

Dein Mund wäre vor Ehrfurcht bald verstummt,
dein Blut dir geronnen, blanke Furcht überkommt.
Im Erahnen solch' unbändiger Gewalten,
beugt in Ehrfurcht tief die Seele sich.

Muss anerkennen Gottes unendliches Walten,
wie Einstens schon, jetzt und so bleibt ewiglich.

Erwartung

Adonisgärtchen und Barbarazweig,
weisen als zarte Boten darauf hin:
bald ist es nun wieder soweit.

Ein kleines Wunder leise entsteht,
bricht zart hervor, das neue Leben,
wie es schon im Winter in die Natur gegeben.

Neugierde, Erwartung bleibt in Geduld umhüllt,
bis dass die Zeit, der Tag, sich hat erfüllt.

Das Geheimnis der Liebe.

Liebe, wahres Glück ist ein Mirakel.
Geheimnisvoll in Tun und Gestalt.
Sie ist Engel und Teufel zugleich,
lässt den Mensch fühlen ihre Macht
ist er bitter arm oder steinreich.

Teilt aus ihre Gaben Tag und Nacht.
Doch manchmal hält sie ein Schwert in der Hand,
will teilen das verlangende Herz,
unbedeutend ist Wissen und Verstand.

Schenkt dem einen Glück, dem andern Schmerz.
Lässt heiße Wünsche in Erfüllung gehen,
oft die Welt mit einer rosa Brille sehen.

Gibt Hoffnung, dass die Liebe nimmer stirbt,
nährt hehren Glauben an ungeteiltes Glück,
wenngleich der Alltag viel Gefahren birgt.

Liebe strebt vorwärts und niemals zurück
Als Geschenk Gottes kam sie in die Welt.
Du sollst sie bewahren, das alleine zählt.

Dein Schutzengel

Unsichtbar ist er und dir doch so nah,
führt liebevoll sachte deine Hand.
Ist als schützender Engel für dich da.
Will sicher führen dich durchs Erdenland.

Will bewahren dich und treu begleiten
und sogar für dein Wohl sich streiten.
Sein Auftrag heißt: dir zur Seite steh'n,
mit dir über Höhen und durch Tiefen geh'n.

Dir Schutz geben in allen Lebenslagen,
wohl unsichtbar, leise und dennoch klar.
Da bliebe Antwort auf viele Fragen,
Sicherheit gibt Bewahrung Jahr um Jahr.

Seine milde Hilfe wird groß geschrieben,
da klaglos mir er ein Mittler ist.
Sein Credo heißt Glauben, Hoffen und Lieben,
egal wessen Geistes Kind dein Glauben ist.

Freude und Abendglück

Wanderlust und Bewegung ward genüge getan.
Nun knurrt der Magen, trocken ist der Hals.
Endlich Einkehrschwung steht auf dem Plan.
Nichts wie schnurstracks in die Gaststube.
Müde sind die Beine von Mädchen und Bube.

Nach Speck und Deftigem ist mir der Sinn,
für ein üppiges Vesper ich nun bin.
Schnell bestellt ist so ein Gaumenschmaus,
alles selbst zubereitet direkt im Haus.
Sitzen dabei in froher Runde und reden frei heraus.

Genüsslich schneide in Streifen ich Speck
auf dem lecker servierten Vesperbrett.
So ein Bauernteller ist eine Augenweide,
Wurst, Käse und Riemchenspeck, fast eine halbe Seite,
der frisch entnommen aus dem würzigen Rauch.

Wahrlich, das ist wahrer Genuss und Lust.
Was will man mehr zu seinem Glück,
dazu ein frischgebackenes Brot am Stück,
ein Biere oder besser, kredenzt ein Krügle Most.
„Da kummt so moncher fascht z'hinterschtfür!"

Freudentag

Manche Momente im Leben sind wie ein Hauch,
sie ziehen vorüber, gleich Nebel und Rauch.
Besondere Augenblicke sind Geburtstag zu haben,
dabei gesund zu sein; das sind Gnadengaben.

Manches Geschenk wird dir heute gegeben.
Doch das Schönste aller ist dein Leben.
Wohl mannigfach gestaltet lebt sich auf Erden,
das du nur verwaltest im Glück und Beschwerden.

Da möge Gott der Herr dir sonnige Tage schenken
und deine Tage nach seinem Wohlgefallen lenken.

Geduld

Geduld ist wahrlich ohne Frage,
für manchen eine arge Plage.
Geduld ist eine Lebensphilosophie;
der eine beherrscht sie, der andere nie.

Geduld zu haben ist oft von Nöten,
wenn Unrast dir den Nerv will töten.
Wie schwer fällt dann dir diese Tugend?
Man spricht vom Privileg der Jugend.

Ob Jung, ob Alt, Geduld bleibt sich gleich,
ist der Mensch bitter arm oder steinreich.
Es ist partout ein armer Mann,
der nicht in Geduld sich üben kann.

Er schaut sich seine Zeitgenossen an,
denkt, nur nichts versäumen, ich bin jetzt dran.
Das jetzt, sofort und auf der Stelle;
da steht Ungeduld schon auf der Schwelle.

Gibst du ihr Raum in deinem Herzen,
lässt vieles sie dich nicht verschmerzen.
Sachte, sachte spricht das Leben,
denn wo es pressiert, geht's leicht daneben.

Drum halt zurück dich in solchen Fragen.
Schau zu, wie es die Dulder tragen.
Geduld ist eine Schöpfergabe;
ein edles Geschenk aus Gottes Gnade.

Wer diese Gabe treulich hegt und pflegt,
nie Hals über Kopf durchs Leben geht!

Geschenk

Dein ist Saat und Ernte.
Dein ist die ganze Welt.
Dein ist alles Gelernte.
Dein das weite Himmelszelt.

Dein sind Wiesen und Felder.
Dein sind Wolken und Wind.
Dein sind Meere und Wälder.
Dein ist jedes kostbare Kind.

Dein sind alle Gedanken.
Dein bleibt Leben und Tod.
Dein sind Gesunde und Kranke.
Dein ist aus der Ähre das Brot.

Dein sind gebende Hände.
Dein ist Friede und Ruh.
Dein bleibt Anfang und Ende,
schenke Gnade und Segen dazu.

Komm mach mit

Seit ein paar Jahren ist es bei uns Sitte,
an die Senioren ergeht die Bitte:
„Kommt macht mit und seid dabei,
die Zeit vergeht ja eins, zwei, drei."

Monatlich einmal da trifft man sich.
Es ist kein Muss und keine Pflicht.
Doch jeder der da kommt, sich gern erfreut,
dazu weder Weg noch Anfahrt scheut.

Will sitzen in der frohen Runde
und erfahren die allerneueste Kunde.
Möchte einfach mal guter Dinge sein,
sogar ohne Bier, Schnaps und Wein.

Man will Hände schütteln, sich wiedersehen.
Bei Kaffee trinken und Kuchen essen,
kurz manche Sorgen einfach vergessen,
in der Vergangenheit spazieren gehen.

Will herzlich lachen, sich Anekdoten erzählen.
Will singen und dafür ein Lied auswählen,
Sich unterhalten über das Ach und Weh
und wann hilft wo ein Kamillentee.

Ist eines erkrankt aus diesem Kreis,
in der Fürbitte man sich geborgen weiß.
In Liebe wird dessen betend gedacht,
auf dass Genesung Fortschritte macht.

Doch kommt einmal der Abschiedsschmerz,
geht hin zu Gott ein müdes Herz.
So können wahrlich alle sicher sein,
die Seele seufzt: Ich bin endlich daheim.

Doch bis zum Tag und jenem Augenblick,
die Bitte an alle: „Kommt macht mit!"

Leben

Wo immer deine Wiege stand,
an welchem Ort, in welchem Land,
als junges Fohlen wolltest du
dir Sterne vom Himmel holen, immerzu.

Dann im Zenit deines Lebens,
zeigen sich Spuren des Segens.
Bist du angekommen im Lebenswinter,
blickst du stolz auf Enkel und Kinder.

Das Leben nahm, das Leben gab,
die Gleichung heißt: ein kühles Grab.
Bei Jung oder Alt, das ist egal,
das Ergebnis ist, es war einmal!

Meereswellen

In schäumenden Brandung steht ein Fels,
umspült von schäumend, tobenden Wellen.
Über den Wassern Möwenschreie hallen,
die wild stürmische Flut bald sich bricht.

Sind auch noch so gierig ihre Zungen,
werden sie vom harten Fels niedergerungen.
Wogen, tanzen; es gluckert, brodelt und zischt,
wenn wütend aufspritzt, die zerfließende Gischt.

Ohne Gewähr

Menschenwille bleibt oft nur ein Traum,
selten lässt sich darauf feste bau'n.
Man kann es wenden, kann es drehen,
Leben bedeutet immer: Kommen und Gehen.

Leben ist geprägt von Veränderungen.
Keinem Menschen ist es wohl gelungen,
zeitlebens von der Wiege bis zur Bahre,
ein Genüge zu finden; das einzig Wahre.

Steht's beinhaltet dein Lebenslauf,
Wege nach unten und steil wieder auf.
Mal Freudenfeste, mal Sonnentage,
dann Lasten, Mühsal, viel Sorg' und Plage.

Doch wären die Tage immer eitle Freude,
wo bliebe Abwechslung im Gestern und Heute.
Schemenhaft zeigten sich Glück wie Leid.
Sorglos lebt sich; zu nichts bereit.

Wär' das Herze immer arglos und frei,
fiele es bald in langweiliges Einerlei.
So gesehen ist es recht und gut,
das Menschengeschick in anderen Händen ruht.

Der, der das Heute und Morgen will lenken,
und uns aufs Neue Mut nur schenken.
Alleine nur unserem Denken und Trachten
gibt der Ewige keinerlei Gewähr.
Qua Trugbild tut der Mensch sich schwer.

Im Bühler Stadtgarten

Optimist

Festgewurzelt stehen im Leben,
stetig sich mühen und fleißig regen.
Den Morgen früh beschwingt beginnen,
fröhlich ein Liedchen dir singen.
Denn nichts spricht dem Frohsinn dagegen,
Gutes zu tun im Nehmen und Geben.

Ist des Lebens Soll und Haben,
gemischt mal Freude, mal Blamabel,
wappne dich mit stoischer Geduld,
bis Göttin Fortuna auch dir ist hold.
Bekannt ist bei des Mammons List,
dass dieser gerne seine Kinder frisst.

Tag und Nacht bleibe dir Freude,
und bist du dennoch einmal Beute,
einer bös' depressiven Phase,
so dreh ihr schnell eine lange Nase.
Trübsal blasen muss nicht sein,
denn auf Regen folgt immer Sonnenschein.

Kommt schleichend ein Tag voller Sorgen,
denke einfach nur an nächsten Morgen.
Garantie sei, ein Tag der bringt es,
wieder ein anderer, der nimmt es.
Erfahrung sagt, dass manches über Nacht,
sich still heimlich aus dem Staub macht.

Denn froh zu sein bedarf es oft wenig,
trotz Sorg' und Lasten werde zum König,
Als Optimist ist's dir niemals bang.
Stets die Parole heißt: „Wir packen es an".
So soll diese schöne Himmelsgabe,
dich begleiten Jahr für Jahr und alle Tage.

Rauschen im Wind

Der dunklen Tannen sanftes Rauschen
flüsterndes Klagen rings um ihn.
Wanderer musst einfach lauschen,
selbst wenn du willst weiter zieh'n.

Eingedenk einer Flut Gedanken
steigt leise herauf die Vergangenheit.
Will gern, so gern sich tief versenken,
in eine längst verfloss'ne Zeit.

Grenzenlos und ohne alle Schranken,
rief sie zurück in die Gegenwart.
Sag wurdest du nicht reifer, älter?
Die Zukunft dir schon morgen harrt,
säuseln dir leise Baum und Wälder.

Doch auf einem hohen Berge stehn,
mit weitem Blick hinab ins Tal.
Und all die Wunder ringsum seh'n,
Belohnung für Müh' und durchlitt'ne Qual.

Da wo sich am Firmament Wolken rötlich färben
und der abendliche Himmel tut sich auf,
das Herze mag dabei fast sterben.
Goldene Türen werben, um des Tages gutem Lauf.

Reife

Wann ist der Mensch weise geworden?
Wann die Dummheit gestorben?
Wann ist Liebe in allen Herzen?
Wann gibt es kein Leid, keine Schmerzen?

Wann blickt ein Auge nur noch voll Güte?
Wann kommt aus Menschenmund keine Lüge?
Wann sind Hände nur noch fröhliche Geber?
Wann nur Helfer sein und nicht Streber?

Wann werden Kriege ein Ende finden?
Wann Vergebung goldne Kränze winden?
Wann gibt es Freude in jedem Haus?
Wann geht Verstehen darin ein und aus?

Merke: Oh armer Mensch auf Erden!
Sollte solches je Zukunft werden,
dann ist der Menschheitstraum
nicht Utopie mehr, noch der Wogen Schaum,

Und auf heimatlicher Erde wird offenbar,
wessen Geistes Kind der Mensch war.
Weisheit zeugt von Reife und Wissen,
wohl dem der sie hat, der mag sie nicht missen.

Reise nach Südafrika

Ein traumhaftes Reiseziel war unser Begehr,
ein Land voller Sonne und besonderem Licht.
Aus Good old Germany kamen wir her.
Ein still gehegter Wunsch erfüllte sich.

Sprache, Geruch und fremdartige Klänge,
schweigende, überschäumende Natur,
prachtvolle Sonnenauf- und -untergänge,
endlos weite Steppen, grün-braune Flur.

Teure Schätze viel; Diamanten und Gold,
trägt tief in sich dieses reiche Land.
Kein Gast zeigt sich davon abhold,
der heimliche Freude darin fand.

Flache Berge, Gärten, seltenste Bäume,
üppig blühende Parks mit Jacarandas
üppig duftende Frühlingsträume.
Krüger-Nationalpark, wo gejagtes Wild,
eine streng geschützte Heimstatt find.

Exotische Tiere; Große und Kleine,
sind zu bestaunen und zu sehen.
Löwen, Giraffen, Herden prächtiger Elefanten,
Gnus und das wendige Warzenschwein.

Cape Town im Süden gilt von alters her,
mit dem Tafelberg, eine Perle am Meer.
Kap der guten Hoffnung von Wellen umbrandet,
Seemannes Qual, wenn das Schiff da gestrandet.

Gauteng, Mpumalanga, West Kap waren Stationen,
Johannesburg, Pretoria, Pilgrims Rest, White Water,
den Krüger-Nationalpark rauf und runter,
Drachenberge im Blick oder God's Window.

Übernachtung in Cape Town im 21. Stockwerke-Hotel,
Cape of Good Hope, Stellenbosch, Franschhoek,
Paarl und der Nationalgarten Kirstenbosch.

Labsal bei sehen, riechen und verkosten (Weinproben) pur,
Highlights reihten sich wie an einer Perlenschnur!

Endlich müde das Auge, satt der Sinn,
richtet das Herz sich wieder der Heimat hin.
Unser ehrliches Resümee, das ist wahr,
traumhaft schön ist das Land im Süden Afrika.

Oben: Cape Point   Unten: Blick auf Kapstadt vom Signal Hill

Rezepte für's Leben gibt es genug

Rezepte werden gesammelt in Büchern und Briefen.
Sind ab und an wahr und oftmals Betrug.
Doch Jedermann gerne danach sucht.
Sucht man eines ganz nach der Natur gedacht,
es explizit schon mehr Mühe macht.

So eine Suche ist mühsam, beschwerlich.
Da fischt der Schlaumann ab und an im Trüben.
Sagt aber, alles sei ganz und gar ehrlich.
Das Wörtchen: „Man nehme" bleibt so vage.
Wie viel gute Zutaten sollten's denn sein?

Sei's Vertrauen, Frohsinn, Mut oder Verständnis,
Hilfe, Dankbarkeit und das alle Tage,
dazu manchen Krug mit Freudenwein.
So bleibt hier und da Erfahrung im täglichen Leben.
Rezepte kann jeder auslegen wie es sein dafür halten ist,
Hauptsache ist, man glaubt daran
und man das mit der Liebe nicht vergisst.

Unliebsame Überraschungen

Manchmal geschehen unversehens Dinge
die man nicht will und erwartet hat.
Nicht alles geht nach eigenem Sinne,
setzt uns das Leben einmal schachmatt.
Ein Sprichwort sagt: „Unverhofft kommt oft!"

Verändert ist plötzlich Schwung und Elan
und du siehst dich als armseligen Tropf an.
Doch bleibt der Wille: „Auf wir packen's nun",
die Zukunft es an den Tag bringen mag,
was eigenes Wollen erreichen kann.

Was ist Wichtig?

Wahrheit reden, Lügen lassen,
Gutes tun, das Böse hassen.
Gottes Wirken von Herzen lieben,
Mutter und Vater niemals betrüben.

Nicht lange schlafen und frühe aufstehen,
gerne zur Schule, in die Kirche gehen.
Ausreichend essen und nicht zu viel naschen,
regelmäßig Gesicht und Hände waschen.

Haare kämmen, lange Nägel schneiden,
Ordnung lieben und fein sich kleiden.
Nicht betasten fremde Sachen,
Behinderte schätzen und nicht auslachen.

Nicht mit Bruder, mit Schwester zanken,
sich für jede Wohltat ehrlich bedanken.
Blumen schützen, Tiere nicht verletzen
und in der Schule keinen verpetzen.

Fleißig lernen, immer fröhlich singen,
auf gutem Wege hüpfen und springen.
Sich nie an eigenen Krankheiten weiden,
kurz gesagt: anderen Freude bereiten.

Zarte Naturen

Zeitgeist

Vergangenheit und Gegenwart
haben manch Interessantes zu erzählen.
Im Alter die eine oder andere Plage harrt,
wer aber will sich heut' schon damit quälen?

Denkt man an Zeit, so ist sie weiblich;
der Zeit entsprechend auch mal männlich.
Zeitgeist zeigt Dinge, die man nicht braucht.
Oft ist der Inhalt einfach nur fade und dumm.

Doch der Zeitgeist heilt auch Wunden,
zeigt auf, der Systeme heimliche Schwächen.
Unwichtig ist, was gerade oder krumm.
Verändert den Ort, will sich mal rächen.

Zeitgeist könnte Leben neu gestalten.
Kehrt dennoch wieder ins Profane zurück.
Findet, ich bin cool im Verhalten,
weil im Ego er heimisch sich fühlt.

Dem dessen Bodenständiges ist wichtig,
sucht Zufriedenheit und wirkliches Glück.
Der hat nicht nur Vergängliches im Blick,
erfreut sich stattdessen am Beständigen richtig.

Götze Zeit-Denkmal und Ruhebank am Ortenauer Weinpfad

2

Reime im Blick der Jahreszeiten

Blütenduft der Linden

In unserer Straße, einen Steinwurf entfernt,
ganz in der Nähe; hundert Meter es sind,
rauschen prachtvolle Lindenbäume im Wind.
So oft ich daran vorbei will oder muss gehen,
bleibe ich einen kurzen Augenblick stehen.

Atme ein, den süßen, betörenden Blütenduft,
der liebe Erinnerungen wach in mir ruft.
Danke der Mutter und ihrer Kenntnis der Blüten,
der Salben, Tees, selbst des Blütenfräulein,
dessen Tränklein sorgte für des Körpers Heil.

Und selbst zur Linderung des Liebesschmerz,
brachte die Blüte das rechte für's Herz.
Dann grüße ich den blühenden Lindenbaum,
aus Erinnerung mein schönster Blütentraum.

Blütenzauber

Frühling ist im heim vertrauten Ländle.
Eile geschwinde aus dem Haus.
Erblicke staunend den Blütenrausch.
Bäume, ob Kirschen, Mandel, Apfel und Co.
Gartenblüten, Zauber machen das Auge froh.

Ich denke: „Geh' aus mein Herz und suche Freud",
nimm an, was Mutter Natur umsonst dir beut.
Der Bienen fleiß'ges summen dazu gehört,
gewiss, auf deren Gaben jeder schwört.

Der Sonne hold wärmendes Licht,
vielfältig in Tümpeln sich wieder bricht.
Jedes Vöglein fühlt sich putzmunter,
alle zwitschern, girren kunterbunter.

Frühling blüht auf allen Stegen,
stimmt jauchzend ein in der Lerche Lied.
Und auf hohen Himmelwegen
er in hellen Wolken dahin zieht. (nach Karl Freiherr von Lemayer)

Der Osterhase

Schau, Mutter, schau, was ist dort im Gras?
Oh sieh, da ist eine Hasenspur.
Der Hase hüpfte hier über Felder und Flur.

Auf Neue ertönt des Kindes Schrei:
Schau Mutter, hier liegt ein buntes Ei.
Sieh dort in Busch und da im Strauch,
schimmert es in rot, grün und blau.

Die Mutter sieht ihrem Kinde zu,
das gefunden hat den Has' im Nu.
Das Körbchen in des Kindes Hand,
barg schwer, was es im Grase fand.

Von dannen trägt es seinen Schatz.
Vorbei ist auch die Hasen Hatz.
Voller Freude spricht der kleine Wicht:
„Heut' Abend suche ich das Osterlicht!"

Maienzeit

Flieder, Goldlack und Narzissen,
tragen stolz ihr Frühlingskleid.
Lassen alle Menschen wissen,
nun ist sie da, die holde Maienzeit.

Schwalben ziehen hoch oben Kreise,
im azurblauen Himmelszelt.
Im Baum zwitschert fröhlich eine Meise.
So schön ist im Mai die erwachende Welt!

Früh morgens im milden Sonnenschein,
gurren auf dem Dach die Tauben.
Laue Lüfte laden zum Frühstück ein,
romantisch in einer Gartenlaube.

Fröhliches Kinderlachen hier und da,
schallt von ferne froh herüber.
Enkelkinder sitzen mit Großmama,
singen altbekannte Frühlingslieder.

O, Wonnemonat, schöner Mai.
da werden Alt und Jung ganz munter.
Herzen und Seele werden weit
und die Welt ist so viel bunter.
Willkommene schöne Frühlingszeit!

Frühlingsidylle am Friedhof und am Neuen Markt

Ode an ein besonderes Bäumchen

Ein Wohnungsumzug stand Einstens an,
schnell die notwendige Veränderung kam.
Möbel, Kisten schleppen, alles ging nach Plan.
Ein Kumquatbäumchen uns am Herzen lag,
ein Geschenk; das man gern pflegen mag.
Es fand auf dem Balkon einen neuen Platz,
doch lange es mit uns grollte; der Schatz.
Ward bald beraubt aller Blätter Pracht,
darum sein grünes Herz uns Sorgen gemacht.
Doch mit Hingabe, Pflege und stetem hegen,
fand's Bäumchen zurück in pralle Leben.
Nun steht's wieder im prachtvollen Blätterkleid,
blüht und duftet nach Kumquats Art eben.
Weckt Hoffnung, das es zeigt bald erste Früchte.

Erntedank

Das Jahr half wieder beizutragen,
woran sich der Mensch kann laben.
Keller und Scheune sind gut gefüllt,
mit Gaben, die uns den Hunger stillt.

Gekeltert wurde schon die Traube,
das Obst gepresst zum goldenen Most.
Und wo in weitem Feld und Garten,
auf uns noch viel' andere Schätze warten.

Gedenkt man ein wenig dem fernen Land',
den Menschen dort, im Wüstensand.
Wo nutzlos blieb der Harke Hieb
und Dürre ist der Aussaat Dieb.

Wo längst die Aussaat ist verdorrt,
bleibt Ernte ein wehmütiges Wort.
Hunger heißt es, statt einer Frucht,
von der Wiege bis zur Gruft.

So soll unser Dank der Gnade gelten
und den eitlen Hochmut schelten,
der uns lieblos, für andere blind will machen.
Ach Mensch lass uns darüber wachen.

Juli

Wogende Ährenfelder im Sommerwind,
untrügliche Zeichen dem Landmanne sind.
Hitze legt sich über das weite Land
und manches stirbt im Feuerbrand.

Badefreuden laden Groß und Klein
und laue Nächte zum Feiern ein.
Barfuß laufen im feuchten Gras
und Eisgekühltes wartet im Glas.

Sommerabend plus Eiskaffee,
verspricht ein zärtliches Tête-à-Tête.
gereiste Urlaubsgäste stellen sich ein,
den Wanderfreund erwartet ein Gläschen Wein.

Ja, Sommerglut und Urlaubslust,
vertreibt schnell den Alltagsfrust.
Oh, welch eine Freude, welche Wonne,
es labt sich der Mensch in der Sommersonne.

Blütenzauber im Sommer

Ferien

Endlich Ferien, es zieht uns hinaus,
zugesperrt wird Hof und Haus.
Für Menschen, die von Stress geplagt,
ist Urlaubszeit jetzt angesagt.

Wollen baden, surfen oder wandern
und froh grüßen all die andern,
die statt dessen Bella Balkonia buchen
und gerne La Terrasse besuchen.

Wer per Auto reist gen Süden,
muss sehr in Geduld sich üben.
Stop-and-go, dazu noch Stau,
Mama wird's im Magen flau.

Da, am Weg eine Raststätte winkt;
es muss die Mama und das Kind.
Hunger und Durst plagen und nagt,
ein Zwischenhalt ist angesagt.

Froh gelaunt und recht heiter,
geht danach die Urlaubsreise weiter.
Bald, ja bald ist man dort,
am ausgewählten Urlaubsort.

Vergessen sind nun Hitze und Stau.
Zwei Wochen macht Familie blau.
Wasser, Wetter, alles stimmt
und Papa manchen Berg erklimmt.

Man schickt noch ein Mail nach Hause.
Nachbarn sehen nach der Klause.
Mama findet alles Mega gut
und wohlig auf der Liege ruht.

Die Kinder sind kaum noch zusehen,
Papa will an die Bar nun gehen.
Man hat Urlaub, bitte sehr,
denkt ans Konto erst hinterher.

Denn die Stimmung ist famos
und keiner wird zum Trauerkloß.
Sind die Tage dann vorbei,
folgt wieder des Alltags Einerlei.

Herbst

Blicke wachsam hinein in die Natur,
bunt wird es jetzt in Wald und Flur.
Alles was Odem hat sammelt nun ein,
will für den Winter gut gerüstet sein.

Bäume tragen ihr buntes herbstliches Kleid.
Sie zu färben weiß Mutter Natur Bescheid.
Aus Schöpferhand hat sie es genommen,
so ist die Welt zu Farbe gekommen.

Kinder ziehen hinaus auf die Wiesen,
wo Drachen sie lachend aufsteigen ließen.
Der Herbstwind wird zum Spielgefährten,
die Weiderute zu einer Gerte.

Oktobersonne küsst warm noch die Reben,
kurz ist die Spanne, die ihr noch gegeben.
Nach Aussaat folgt Ernte, reich oder karg,
Tod folgt auf Leben; der Wiege ein Sarg.

Zur Jagd wird hier und da geblasen,
doch treffen wird es nicht nur den Hasen.
Manch anderem Wild wird jetzt nachgestellt,
auf dass Küche und Keller sei bestens bestellt.

So schreitet einher die Vergänglichkeit,
Mensch wie Tier machen sich bereit.
Vereinzelt blüht noch die Herbstzeitlose,
rot grüßt die Hagebutte der Heckenrose.

Strauch wie Busch sind bald verblüht,
versteckt noch ein Blättchen gülden glüht.
Die Vögel eilends nun entfliehen,
schon die Nebel über kahle Felder ziehen.

Die Welt, sie ruht sich langsam aus,
das Leben zieht sich zurück in ihr Haus.
Und keinem bleibt es jetzt verborgen,
es ist Herbst bei uns geworden.

Herbstnebel

Schon küsst Nebel die Morgenluft,
vergangen schwelgender Blütenduft.
Vogelstimmen werden rar,
langsam zu Ende neigt sich das Jahr.

Felder, Wiesen, Bäume und Hecken,
sind bunt bemalt in allen Ecken
und im Keller, Fass, ja Scheune,
lagern geerntete Sommerträume.

Denn was der Erde Schoss gegeben,
offenbart sich uns als Schöpfersegen.
Ein jedes nach Wert und Art,
steht's sein ureigenes Geheimnis wahrt.

Mutter Natur geht still einher,
trägt an der Zeit mal leicht, mal schwer.
Auf dass sich ein jeder sich mag erfreuen
und weder Gestriges noch das Morgen scheuen.

Herbststimmung im Hägenich und Nebel im Rheintal

Morgengebet der Vögel

Zur Stille neiget sich das Ohr,
zarte Vogelstimmen treten vor.
Das Drängen der Natur jetzt spricht,
Dankgebet im Morgenlicht.

Vogels Sprache ist jubilieren.
Es steigt seit alters her empor.
Schon früh des Tages bricht es Kunde,
Frohsinn aus tiefstem Herzensgrunde.

Vogelgesang wird zum Morgenliede,
bezwingt die Sinne und ihr Tun.
Will Ruhe schenken, gibt dir Friede
und lässt Wehmut Augenblicke ruhn.

Regenbogen

Oh schau hin, es geben Regen und Sonne sich die Hand,
knüpfen farbenfroh jenes holde Band.
Ein bunter Bogen majestätisch die Weite überspannt.

Ist eine Zauberstraße für das staunende Kind,
das in der Phantasie ihn für sich erkoren,
an dessen Ende ein Wunderland beginnt
und daselbst Zwerge und Feen werden geboren.

Doch wer nicht eilt, der gebe acht,
der Bogenlauf gar schnellt vergeht.
Bald sicher vereint in der Wolken Macht
und wird vom Winde flugs verweht.

So bleibt gestern, heute und auch morgen,
wenn ein Regenbogen oben am Himmel steht,
eine Zusage für Jeden in seinen Sorgen,
der dies Himmelszeichen richtig versteht.

Oktoberlicht

Gegeben ist ihm ein besonderes Licht,
warme Farben beflügeln sein Name.
Dem Sonnenstand nach nicht verwunderlich,
ein Kind noch, weder Herr noch Dame.
In warme Farben taucht er die Welt,
doch nur, wenn nicht alles in Oktobernässe fällt.

Novembertage

November zeigt sich grau in grau.
Nebel ziehen wabernd übers Land.
Blick ich aus dem Fenster, wohin ich schau,
grüßt nur eine graue Wand.

Im Rheintal ist der Nebel zu Haus.
Dagegen auf Bergeshöh'n strahlet die Sonne.
Gern steigt ein Mensch schnell dort hinauf,
erfreut sein Herz in der Sonnenwonne.

Sonst harrt man fest in den Niederungen.
Sieht täglich nach lichtem Himmels Angesicht.
Hat dann endlich die Sonne den Nebel durchdrungen
und erobert dessen Schichten um Schicht.

Das erhebt des Herzens Melancholie
und in Erwartung ergeben der Zeit.
Winter will's werden, jeder weiß schon Bescheid.
Kommt Schnee, Frost oder auch nicht.

Kalenderjahr

Das Jahr es kam und ging schon wieder,
brachte Freude, brachte Lieder,
brachte Schmerz und tiefes Leid,
Sternschnuppen: Gruß der Ewigkeit.

Solches ist vom Schöpfer dir gegeben,
nahmst es an als Schicksal eben.
Nimm hin es als ein goldener Stern,
der dir leuchten will nah und fern.

Wandle aufrecht vor den Götzen,
kniet vor ihnen gleich die halbe Welt.
Folge nach den Urgesetzen,
deren Strahl ins Herz dir fällt.

Kalendermäßig

Ei, sagt verwundert das letzte Blatt,
an unserem Kalender.
Es war doch erst Januar
und schon ist's wieder Dezember.
Vergangenheit ist fast das Jahr,
die Tage eilten im Sauseschritt,
der Zeitgenosse hält da kaum mit.

Freunde singen ein bekanntes Lied.
Und auch wir stimmen gerne mit ein,
dass so manches eben nur beim Wollen blieb.

So gibt's wieder für die Lieben Groß und Klein,
Geschenke, Weihnachtsplätzchen, Weihnachtsduft,
samt Lieder im flackernden Kerzenschein.
Wobei das neue Jahr schon um die Ecke lugt
und erneut nach guten Vorsätzen ruft.

Advent

Ein aus Tannengrün gewundener Kranz,
mit vier Kerzen bereitet warmen Glanz.
Bringt Licht in die ängstigende Dunkelheit,
sagt: „oh seid ihr auch bereit?"
Denn es naht der stimmungsvolle Tag,
verschwinden sollen zuvor Sorg' und Plag'.

Ruhe und Frieden ist unser aller Begehr,
vom höchsten Throne kommt der Wunsch her.
Der heilige Tag ist bekannt Groß und Klein.
Gedenken an Jesus das Christkind will sein.
Dieser vor zweitausend Jahren in Bethlehem geboren,
hat seither in seinem Erscheinen nicht an Kraft verloren.

Wahrlich der Christenmenge heiligster Tag,
nur das Weihnachtsfest geben vermag.
Sich verschenken; dem Nächsten geben,
Hilfe, Liebe, ja ein wenig kostbare Zeit,

ein offenes Ohr für anderer Sorgen und Leid.
Friede will im ruhelosen Herzen leben.
Bemüht sich eine jeder, trotz hektischem Treiben,
muss das Fest der Feste keine Worthülse bleiben.

Weihnachtliche Impressionen

Dezember

Und schon wieder ist ein Jahr vorbei,
die Zeit verflog, eins, zwei, drei.
Die Tage eilten im Sauseschritt,
sag wer hält denn da noch mit.

Mancher Vorsatz kam nicht zum Zuge,
ja das vermasselte selbst der Kluge.
Was er sich einmal hatte vorgenommen,
ist einfach unter die Räder gekommen.

Familie, Freude singen das bekannte Lied,
dass das Wollen nur beim Wollen blieb.
Und wir stimmen darin gerne mit ein,
bei Tannenduft und mildem Kerzenschein.

Doch der Tenor unserer Hoffnung bleibt,
nächstes Jahr werden wir gescheit.

Alle Jahre wieder

Ob sonnig, es regnet oder gar schneit,
landauf, landab ist es wieder soweit.
Durch Straßen, Wege, schmale Gassen,
schieben sich die Menschenmassen.

Weihnachtsmärkte im Lichterschein,
laden uns zum gemütlichen Bummel ein.
Kinderherzen schlagen höher, schnell,
bei Budenzauber und Karussell.

Herz was begehrst du hier zu finden
und ohne großes überwinden,
steht man bei einem kleinen Häuschen;
Zeit für ein kleines Glühweinpäuschen.

Mandelduft dringt aus der Bude
und Nikolaus lauert mit der Rute:
„Kommt Ihr Kinder, kommt herein,
greift hurtig in den Sack hinein".

Ist gewärmt erst Kopf und Magen,
die Füße uns zum nächsten Stande tragen.
Leckere Pfefferkuchen und Zuckerwatte,
man schnell noch zu vernaschen hatte.

Wenn der Mumm schon läuft und tropft,
wird ein Würstchen noch in den Mund gestopft.
Gaumenfreuden will der Mensch stets genießen.
Sein Umfang lässt deutlich darauf schließen.

Pumperl gesund und das trotz Masse,
grüßt allenfalls die Krankenkasse.
Mamas, Papas, Omas und auch Tanten,
Opas Enkel huckepack, treffen sie auf Anverwandten.

Im Sog der Menge schwimmt man mit,
das gibt den rechten Weihnachtskick.
Ist es uns endlich dann gelungen
und bis ans Ende durchgedrungen.

Erklinget zart ein Weihnachtslied,
was uns eilig dahin zieht.
Hören von Hirten und heiligen Leut':
Jetzt sich jeder auf Weihnachten freut.

Eilt dann mit festem Schritt der Heimstatt zu,
wie wenig himmlisch hier ist Ruh.
Müde vom Staunen, Hören und Sehen,
die Kleinsten nun ins Bettchen gehen.

Auch unsereins, nach so viel Pracht und Prunk,
erholt sich bei einem Schlummertrunk
und denkt bei nüchtern, klaren Sinn,
nächstes Jahr gehe ich wieder Neue hin!

Weihnachten

Ein holder Engel unsichtbar,
schwebt durch Zeit und Raum.
Kommt dem Menschen oft recht nah,
kennt den Jahrhunderte geträumten Traum.

Geträumt wird von Liebe und Frieden
und genügend tägliches Brot,
nicht von dem was in die Welt gekommen,
das heißt Mühsal, Elend, Sorge und Not.

Sehnsucht breitet im Herzen sich aus,
nach einer ruhig, friedvollen Zeit.
Harren still auf ein neues Wunder,
das ihn von irdischer Last befreit.

Weihnacht ist's

Wieder naht die Heilige Nacht,
wo schweigen möge Müh' und Plag.
In Erinnerung wird nun an jenen gedacht,
der das Weihnachtsgeschenk uns gebracht.

Lieder ertönen, wie wir sie gut kennen.
Und von irgendwo her tönt Glockengeläut.
Am Weihnachtsbaum werden Lichter brennen,
Ihr milder Schein Herz und Seele erfreut.

Wohl ist Vergangenheit längst Geschichte.
Die Zukunft noch ein Geheimnis bleibt.
Eingedeckt in Maß' und Gewichte,
bleibt Augenblick ein Bruchteil Ewigkeit.

Das Hoffen auf Frieden bleibt unser Begehr.
Nur wenn der Mensch Toleranz vergisst,
bleibt das Gelingen so unendlich schwer,
da er längst in Wut und Zorn gefangen ist.

Sind wir auch von guten Mächten umgeben,
bewahrt uns eine liebende Macht,
erwarten wir nun den Festtagessegen
und eine stille, fröhliche Weihnacht.

Winteridylle im Mittleren Schwarzwald

Weihnachtsfest

Wieder ist neu ein Christfest da.
Und auch das neue Jahr ganz nah.
Unsichtbar, ganz schrankenlos,
kommt es zu uns Klein und Groß.

Was immer ins Jahr war eingesponnen,
ist Stück für Stück ans Licht gekommen.
Sind auch Vorsätze im Nichts verlaufen
und gab's für Euros gar wenig zu kaufen.

So wurde die Hoffnung steht's genährt,
in Gedanken, wenn lange es auch währt,
wird es eines Tages doch gelingen
und endlich zum guten Ende bringen.

Alles was heute noch nicht ist,
der Mensch es aber redlich vermisst.
Bittet Gott, er möge dafür Sorge tragen,
uns bewahren all der irdischen Plagen.

Auf das niemand zur holden Weihnachtszeit,
ob seiner Armseligkeit zum Himmel schreit.
Auch niemand sollte müssen weinen und klagen,
und gar im Herzen Jammer tragen.

Denn manches kann Morgen Wahrheit werden.
Wie der Wunsch nach Frieden hier auf Erden.
Möge dieser Wunsch sich endlich erfüllen,
und alles Weh der Welt und Leiden stillen.

Das Fest der Liebe steht auf dem Kalender.
Steht auf Empfang schon unser Sender?
Fühlt mein Nächster worin ich mich übe
und ich ihn wie mich selber liebe?

Dann ist Weihnachten was es sein soll.
Ein Fest der Liebe ohne Zank und Groll.

Weihnachtsfrieden

Aus Tannengrün gewunden ein Kranz,
vier Kerzen verbreiten heimeligen Glanz.
Bringen Licht in die ängstigende Dunkelheit,
sagen: „Oh seid für das Fest bereit?"

Bald naht geschwind der hohe Tag,
verschwinden soll dann Sorg' und Plag',
Ruhe und Frieden ist sein Begehr,
vom höchsten Throne kommt das her.

Weihnachten kennt Groß und Klein.
Es soll Gedenken an das Christkind sein.
Vor 2'000 Jahr ist Jesus in Bethlehem geboren.
Wobei der Christenmenge schönster Tag,
wohl Weihnachtsfrieden schaffen vermag.

Sich verschenken, dem Nächsten geben,
Hilfe, Liebe, ja ein wenig mehr Zeit,
ein offenes Ohr haben für Sorge und Leid.
Dazu Frieden will im Herzen leben.
Wenn ein Jeder zu Willen und Wollen treibt,
keine Worthülse das Fest der Liebe bleibt.

Weihnachtsgedanken

Seht und höret, es weihnachtet wieder.
Ringsumher ertönen altbekannte Lieder.
Wollen erzählen von dem, was Einstens geschah
und den Hirten auf dem Feld verkündet war.

Mit Ehre sei Gott und Halleluja,
so naht dieses Fest, Fest der Liebe genannt,
als Weihnachten uns allen besser bekannt.
Erwartungsvoll Herzen höher schlagen da.

Kinder neugierig sich auf Geschenken freuen,
die liegen mögen unter dem Weihnachtsbaum.
Zusammen kommen Groß und Klein.
Wahrlich es muss wieder Weihnachten sein.

Hell erstrahlen am Baum brennende Kerzen.
Kurz vergessen sind Sorge und Schmerzen.
Was kein Aug gesehen und kein Ohr vernommen,
ist unversehens still in die Stube gekommen.

Unsichtbar trat ein Engel hinzu ins Kerzenlicht,
dringt durch die Gedanken: „Vergesst jene nicht,
die da Elend sind, arm, nackt und bloß,
auch sie ruhen in des Heilandes Schoss!"

Möge doch endlich hier auf Erden,
zum Glauben, Hoffen, Lieben auch Frieden werden.

Weihnachtsglanz

Freude über Freude herrscht im Advent,
denn siehe die vierte Kerze brennt.
Ihrer Lichter hell-milder Schein,
will Botschafter für uns alle sein.

Erinnerung jenem armen Kinde gedacht,
das Heilige Nacht ist in die Welt gekommen.
Und nicht nur Hirten haben es vernommen,
jene Verheißung, die er der Menschheit gebracht.

„Seid wachsam um die Mitternacht,
daselbst die Verheißung will sich erfüllen".
Für die Lauten gilt, wie für die Stillen.
Friede auf Erden; welch heller Klang.

Machten Sorg' Herz und Seele bang,
schon beim Betrachten der Kerzen vier,
öffnen sich uns der Hoffnung, Tor und Tür,
auf dass es ein wahres Weihnachten wird.

Wünschen uns frei von Sorge, Mühe und Plag,
dazu ein kommendes gutes Neues Jahr.
Geduld, Zuversicht verheißend immerdar,
Zufriedenheit, egal was es auch bringen mag.

Weihnachtslicht

Das ewige Licht kommt herein,
leuchtet wohl mitten in der Nacht.
Gibt der Welt einen glanzvollen Schein,
hat uns zu Lichteskindern gemacht.

Nimm es an zu jeder Stund',
lass es leuchten tief in dein Herz hinein.
Mache dich auf und tue selbst kund:
Das Wort wurde Fleisch; Licht will's dir sein.

Weihnachtszeit

Der Winter trägt sein weißes Kleid,
nun ist das Fest nicht mehr weit.
Aus manchen Stuben und Kämmerlein,
dringt heller, warmer Kerzenschein.

Kinder eilen herbei, von nah und fern,
suchen eifrig nach Bethlehems Stern,
der wie Einstens in jener Nacht,
den Weißen die frohe Botschaft gebracht.

Hasten hurtig durch die Straßen,
und holen sich bald kalte Nasen.
Ein Kind schmiegt sich in deinen Arm,
sein Herz schlägt aufgeregt und warm.

Frieden auf Erden ward der Engel Kunde,
doch Vergangenheit ist Tag, ist Stunde.
Denn der Menschheit süßer Traum,
hat in kalten Herzen kaum noch Raum.

So bitterkalt geworden, ist unsere Zeit,
Wärme, reicht nicht allzu weit,
Glauben, Hoffen und Lieben,
was nur ist davon noch geblieben?

Dem Glauben fehlt die nötige Sicht.
Verloren ging der Liebe höchstes Gut.
Hoffen ohne die Liebe erfordert Mut,
Frieden auf Erden, welch seltener Gast.

Menschen finden weder Ruhe noch Rast,
dennoch jährlich der Weihnachtsengel lacht.
Für Vorfreude, Romantik öffnen sich Räume
und bewahren uns heimliche Träume.

Wieder ist Weihnachten

Zog nicht aufs Neue der Winter an sein Kleid,
wo Tanne wie Mistel schmückend sich zeigt?
Klar da war doch was, bekomme ich Bescheid.
Es naht ja schon das Fest der Christenheit.

Ach sei willkommen schöne Weihnachtszeit.
Stille herrscht längst schon in Wald und Flur.
Hoch droben am weiten Firmament,
leuchtet hell hervor manch güldener Stern.

Ruhe atmen will die erstarrte Natur,
Heilige Nacht ist nicht mehr fern.
Wie friedvoll hält sie eine Decke bereit,
über der Menschheit Sorge und Leid.

Will trösten in Kummer, wie im Herzeleid,
das mehr geht über jegliches Lot.
Längst gewogen wurde, was man in Händen hält;
die Lasten schwer nur dem Betroffenen zählt.

Desto trotz, Weihnachten ist's mit aller Pracht.
Warm und hell nun Kerzen flammen.
Licht scheint in tiefe Dunkelheit der Nacht.
Kinder singen Lieder mit Eltern zusammen.

Alt, Jung, Groß und Klein stimmen mit ein:
Gepriesen sei Gott, der Heil gebracht.
Oh du stille, heilige Nacht.
So möge es wieder im neuen Jahr sein,
der Schöpfer einen prächtigen Regenbogen macht.

Jeder Träne, ein Lächeln, dem Seufzer, den Sorgen
eine fröhliche Melodie er dir schenken mag.
Dass kein Fuß zertritt dein erhofftes Glück,
sei es verschwenderisch üppig oder rar.
Duldsam harre auch im Neuen Jahr.

Bühl, weihnachtlich geschmückt

Zeitenwende

Eine Lebensspanne fand ihr Ende,
verflossen ward die irdische Zeit.
Die Seele fällt in Gottes Hände,
Schmerz und Weh nun sind vorbei.

Alles was getragen an Not und Sorgen,
Schmerzen und der Erden bitteres Leid,
ist nun weggenommen, blieb nicht verborgen,
auch dort im Bereich der Ewigkeit.

Bleibt hier zurück Trauer im Herzen,
bei all jenen die hier zurück geblieben.
Die Hoffnung bleibt, baut allen Brücken,
Gedenken gerne jenen, die wir lieben.

Zwetschgenfest

Schnell naht in Bühl das Fest der Feste,
gewidmet jener blauen Frucht.
Fülle erahnen lässt Vielfalt ihrer Zucht.

Jung, Alt, Groß und Klein
werkeln fleißig frohgemut.
Fertig muss alles sein,
zuvor kein Auge ruht.

Geladen sind der Gäste viel,
Musiker zum Tanze spielen auf.
Vor aller Auge steht das Ziel,
das Fest nimmt seinen Lauf.

Als einer Königin Untertan,
steht mancher gerne Spalier.
Publikum von ihrem Liebreiz
angetan und des Thrones Zier.

Blaue Früchte leuchten weit,
mannigfach bereitet.
Die Königin im blauen Kleid,
huldvoll lächelnd schreitet.

Der Wagenkorso zieht vorbei,
fügt sich in Reih und Glied.
Schultis plus Honoratioren steh'n dabei,
dass man sie ja auch sieht.

Sitzt ein jeder in fröhlicher Runde
beim Festwirt auf der Bank.
Vergisst bald Zeit und Stunde,
bei Speisen und kühlem Trank.

Wollen lange nicht lassen,
bis der junge Tag erwacht.
Müssen endlich passen,
sagt guten Morgen, statt gute Nacht.

So eilt die Zeit dahin,
es der Festbesucher fühlt.
Genug hat Herz und Sinn.
Dabei ward ein wenig gekühlt,
die Zunge, wie die heiße Stirn.

Zwetschgenkönigin und Gruppen beim Bühler Zwetschgenfest

3

Philosophie des Seins

Ab zur Kur

Nach ach so vielen Krankheitstagen,
war endlich es nun soweit.
Obwohl noch Schmerz' den Körper plagen,
begann die besagte Kurlaubszeit.

Per Krankentransport direkt ans Ziel,
wurde der Patient bequem kutschiert.
Von dortigen Gepflogenheiten wusste man nicht viel
und auch nicht, was alles so passiert.

Schick dich hinein, lass dich überraschen,
war des Gedankens stillem Gebot.
Helfende Hände nehmen deine Sachen,
sei's drum, alles kommt schon ins rechte Lot.

Ankunftstag, Anmeldung und Interview,
was, wo, wann, wie und dort.
Essenszeiten, Anwendungen, dann endlich Ruh,
so ging's in einem fort und fort.

Listen wurden überreicht, für die Therapie,
jeder bekommt noch seinen Beutel.
Beginn ist um 8 Uhr morgens früh,
ab in den Wald oder zum Therapeuten.

Zweite Etappe, Frühstückspause,
dann Bewegungsbad und hoch das Bein.
Erkundungsmarsch, erst dann verschnaufen,
zum Mittagessen lädt der Speisesaal ein.

Buntgemischt sitzt man am Tische,
hört diese und auch andere Sorgen.
Brütet über Fleisch und Fische
und ist k.o. vom langen Morgen.

Ein Mittagsschläfchen, wunderbar,
bis 14 Uhr darf's schon dauern.
Weitere Anwendungen, das ist klar,
dann nach denn Freistunden lauern.

Zwischen dem promenieren,
Einkehr hie und da im Kurcafé.
Solches ist erlaubt zu praktizieren,
ohne großes Ach und Weh.

Denn nicht der Bauch ist der Patient
und hatte unter Schaden gelitten,
nein, den Gelenken man gedenkt,
Hüfte und Knie sind es unbestritten.

Nun wird es Zeit zurück zu finden,
dorthin zum großen Speisesaal.
Manch Hindernis gilt es zu überwinden,
doch dann folgt neue Qual der Wahl.

Im Laufen üben ist hier Pflicht.
Man wandert über Wege und Steg.
Gar nichts zu tun, so was gibt es nicht,
die Krücke kaum zur Seite leg.

Fußkrank kommen sie am Tisch zu sitzen,
um sich der Speisen zu erfreu'n.
Während andere schnell zum Büfett flitzen,
schon flinke Hände die Leute betreu'n.

Die Gehwerkzeuge, sprich Gelenke,
werden gelockert und massiert.
Und dass dabei ja keiner denke,
dass Mancher nun die Lust verliert.

Endlich kommt der Tag herbei,
Entlassung, die ist angesagt.
Gepackt wird alles eins, zwei, drei,
der Schritt nach Hause sei gewagt.

Ein Resümee wird noch gezogen,
bis hierher ist die Kur gelungen.
Denn alles war uns wohl gewogen,
der Mensch, Natur und Geh-Übungen.

Ein Kurschatten hat sich nicht gezeigt;
kein prickelndes Tête-à-Tête im Kurcafé.
Drum alles schön beim Alten bleibt,
wenn Frau/Mann nach Hause wieder geht.

Alles in einem wäre zu sagen:
Mit Humor und viel Elan,
lässt sich jede Kur ertragen,
gibt's die Nächste, packen wir' es an.

Abendgedanken

Prüfe dich an jedem neuen Tag,
ob er Gott gefallen auch mag.
War er freudig in Tat und Treue,
oder mutlos in Angst und Reue?

Sollst gerne die Namen deiner Lieben nennen,
Hass und Unrecht vor dir bekennen,
sollst dich dem Unguten stille schämen,
keinen Schatten mit ins Bett dir nehmen.

Sollst alle deine Sorgen von der Seele tun,
lass sie abseits und fern des Tages ruhn.
Dann bist du im Herzen rein, ja bereit,
wie Einstens noch in deiner Kinderzeit.

Kannst aus dem Schlafborn ruhig trinken,
wo dir goldene Träume winken.
Dir tröstend winken und den neuen Tag,
mit frohem Sinnen als Sieger beginnen mag.

Blick zur Yburg

Hoch über dem Rebland steht eine Burg,
Jahrhunderte alt, Weg und Steg bequem.
Von Tannen umgeben über der Vorbergregion,
halb verdeckt und kaum noch zu sehen.

Einkehr ist für des Wanderers Müh' schönster Lohn.
Die abendliche Sonne schenkt ganz umsonst,
vom Westen her einen farbenprächtigen Schein.
Eine laue Brise abendlichem Sommerwind,
streichelt sanft um Kopf, Haus und Stein.

Stimmung lässt uns munden ein Glas Badner Wein,
umschmeichelt von würzigem Lindenblütenduft.
Es möge noch lange dort oben auf der Burg,
still fröhlich sein mein Herz; die Seele.
Jauchzen soll dabei aus froher Kehle
der Besucher, der Gast bis hinunter zur Murg.

Good bye Deutsche Mark - nur Erinnerung bleibt

Seit meinem fünften Lebensjahr kenne ich das Wort Geld.
Besser gesagt, wusste, man muss solches haben,
um Gewünschtes kaufen zu können.
Geld gehörte von da an bewusst in meine Welt.

Jahr um Jahr, im Großen wie im Kleinen stark,
wurde mir fortan der Pfennig, die Mark.
Für zehn Pfennig gab es einen Mohrenkopf,
welche Wonne für einen kleinen Tropf.

Für fünfzig Pfennig einmal ins Kino gehen
und dort den Film vom Rosenresli sehen.
Für zwei Mark Wurstzipfel inkognito,
machte nicht nur unsern Dackel Waldi froh.

Neunzig Pfennig kostete damals ein Brot
und das machte der Kinder Wangen rot.
Für Vater aus dem Automaten Zigaretten (Bali) ziehen
und für dreißig Pfennig durfte die Blume im Bierglas blühen.

Bedenke

Nur eine Welt wurde uns gegeben,
für eine kurze Spanne Daseinszeit.
Heimat für unser begrenzt, irdisches Leben
und nur eine Handbreit Erdenweit,
bieten Sonne, Mond und goldene Sterne,
in der unfassbar weiten Unendlichkeit.

Werden Begleiter uns sein und vergehen.
Was Menschen säen, müssen sie ernten,
rastlos in nehmen und geben gezwängt.
Das ist der unaufhaltsame Rhythmus der Erde,
der Heimstatt, aber nur unser aller Lehen.
Sie ist Erbteil aller Väter; ein paar Jahren.
Lasst uns die Welt verstehen und bewahren!

Blick auf Bürchau im Kleines Wiesental

Bürchau im Kleinen Wiesental

Von der Morgensonne geweckt,
mit ihrem eisig, frostigem Kuss,
liegt weiß glänzend das enge Tal;
dem stillen Betrachter ein Genuss.

Von blauer Gestalt das Himmelszelt,
die Höhen von Tannen gesäumt,
wo unter schneebedeckten Wiesen,
die Blume vom kommenden Frühling träumt.

Sonnenstrahlen wärmen der Vögel Gefieder.
Sie stimmen fröhlich nach kalter Nacht,
eifrig an die schönsten Jubellieder
und haben ihrem Schöpfer so Dank gebracht.

Mücken tanzen zwischen Haselstrauch,
blattlosem Holunderbusch und Weiden,
lebensfroh und von Sonne trunken,
Frühling ahnend den ersten bunten Reigen.

Unter dem Fuße knirscht noch der Schnee,
der des Wanderers Weg weiß bedeckt.
Ist ein steiler Berg erst erklommen,
bleibt bald zurück der Welten Weh.

Atem holend weitet sich Lunge und Herz,
klein und nichtig wird dabei die Welt
und mit ihr flieht jeglicher Erdenschmerz,
der den Menschen oft noch müht und quält.

Beschert die Zeit dann einmal dem Tal,
Nebel, Schnee und des Sturmes Wind,
dann weiß jeder Mensch allemal,
es tobt von Mutter Natur nur ein Kind.

So fließet in ihrem kalten Bettchen,
gurgelnd die Wiese dem Tale zu.
Von im Licht glänzenden Eiszapfen gegrüßt
sprudelt es weiter ohne Rast und Ruh.

Doch auf sonnenbeschienener Höhe,
schlicht Halden im Volksmunde genannt,
widersteht man sicher einer jeden Böe
und schenkt der Natur Herz und die Hand.

Burg Windeck

Vor dunklem Tann' auf Berges Höh'n,
ist von Reben umsäumt Burg Windeck zu seh'n.
Grau ihr Gemäuer, trutzig die Wehr.
Einst ging dort ein wehrhafter Ritter einher.

Ganz oben auf des Turmes Zinne,
schweift weit hinaus der suchende Blick.
Sonne und Wind betören die Sinne,
längst Vergangenes kehrt im Spiele zurück.

Ritter und Gaukler, feine Damen,
genau wie es Anno dazumal war,
bilden heute den Spielern ihren Rahmen,
Vortrag in manch einem schönen Jahr.

Mutig stolze Ritter lagerten sich,
rund um des Turmes kaltem Gestein.
Gedenken, dass mancher arme Wicht,
wurde totgeschlagen an Kopf und Bein.

Doch selbst der standhaft, müde Zecher,
der schließlich des Ritters Gnade fand,
empfing liebreich einen goldenen Becher,
aus des Edelfräuleins zarter Hand.

Ja, so will Gegenwart der Vergangenheit,
flechten und weben ein kunterbuntes Kleid.

Blick zur Burgruine Windeck

Elster Frieder

Er ist streitsüchtig und heißt Frieder,
schwarzweiß glänzend sein Gefieder,
schäkernd, schimpfend sitzt er auf dem Ast,
will halten seine Mittagsrast.

Derselben Art kommt bald ein zweiter,
schon geht es los, doch nicht sehr heiter.
Nein, das ist wahrlich kein Genuss,
der beiden Elstern zeternder Mittagsgruß.

Frieder krächzt, los sofort verschwinde,
der Ast ist mein, so wie ich finde.
Und er kreischt so laut es geht,
damit Konkurrent es auch versteht.

Plötzlich werden's solcher drei, nein, vier,
die Beute suchen im gleichen Revier.
Mächtig muss Frieder jetzt sich wehren,
spricht krächzend: „Euch werde ich's schon lehren".

Rede und Antwort, Geschrei hin und her.
Menschen ertragen derlei Laute recht schwer.
Donnerwetter, meine Ruhe, die ich liebe,
versalzen mir nun diese Störenfriede.

Dank Frieders heißerem Kampfgeschrei,
ist Lust und Freude schnell vorbei.
Und damit die schönste Mittagsruh,
ist auf und dahin, bei diesem Tun.

Elster Frieder sagt auch auf Wiedersehen,
fast will dabei in die Luft ich gehen.
Der Mittagspause sage ich schnell Ade,
mit Wut im Bauch und leisem Weh.

Flugverkehr

Biete ein gastlich' Häuschen für meine Gäste,
den gefiederten Freunden gut hergerichtet.
Zum Frühstück, des Abends und vor der Nacht,
wird von weitem gesichtet was Freude macht.

Meisen, Rotkehlchen und die freche Spatzen,
zwitschern sich fröhlich von weitem zu:
Kommt lasst uns schnell hier rasten,
mit der Wirtin stehen wir auf du und du.

Im Busch, dem Strauch hier und dort, na klar,
sitzt die immer hungrige Vogelschar.
Kommt herbei, der Tisch ist gedeckt!
Ist ein Fremder dabei, das auch nicht schreckt.

Denn stiehlt sich heimlich herzu ein Neider,
spricht sich's im Vogelkreis schnell herum.
Kommt flugs herbei ein Vogelgeschwader.
Wer wartet, na der ist halt eben dumm.

Denkt, wer zuerst kommt, der ist richtig.
Wer Spatz ist, der hält fest an dem Besitz
und verteidigt vehemente seine Ration.
Wie der Blitz geht's hin und lauthals im Ton.

Nur der eine oder andere denkt bei sich:
Wer warten kann kommt auch mal dran.
So ist naturgemäß die Vogelphilosophie.
Jeder findet Platz im Häuschen; ohne Ironie.

Der Frosch

Schau dir diesen Frosch mal an,
der nur breit was quaken kann.
Freude fühlen, seufzen, laut klagen,
hört man aus des Frosches quaken.

Doch bringt er dir mit fröhlicher Harmonie,
dar, die liebliche Geburtstagssinfonie.
Er kann's nicht anders, wie nur quaken,
dennoch will er „alles Gute" dir sagen.

Geduld

Geduld ist wahrlich ohne Frage,
für manch' Zeitgenosse eine arge Plage.
Geduld ist eine Lebensphilosophie;
der eine beherrscht sie, der andere nie.

Geduld zu haben ist oft von Nöten,
wenn Unrast dir den Nerv will töten.
Wie schwer fällt dann dir diese Tugend?
Man spricht vom Privileg der Jugend.

Ob Jung, ob Alt, Geduld bleibt sich gleich,
ist der Mensch bitter arm oder steinreich.
Es ist partout ein armer Mann,
der nicht in Geduld sich üben kann.

Er schaut sich seine Zeitgenossen an,
denkt, nur nichts versäumen, ich bin jetzt dran.
Das jetzt, sofort und auf der Stelle;
da steht Ungeduld schon auf der Schwelle.

Gibst du ihr Raum in deinem Herzen,
lässt sie dich vieles nicht verschmerzen.
Sachte, sachte spricht das Leben,
denn wo's pressiert, geht's leicht daneben.

Drum halte dich in solchen Fragen.
Schau zu, wie es die Dulder tragen.
Geduld ist eine hehre Schöpfergabe;
ein edles Geschenk aus Gottes Gnade.

Wer diese Gabe treulich hegt und pflegt,
nie Hals über Kopf durchs Leben geht!

Gleichklang

Nur Herzen die im gleichen Takte schlagen,
können in Liebe sich dulden und tragen.
Nur helle Augen die gleiches sehen,
die Kreaturen lieben und verstehen
können den Wert der Schöpfung begreifen.

Nur Ohren die gemeinsam hören,
das Zirpen im Gras der Grille.
Die hören das Weinen eines Kindes,
das Gurgeln und Plätschern eines klaren Baches,
vernimmt selbst das Säuseln des Windes.

Das sind die Größten, die über den Willen wachen
und gerne gemeinsam weinen und lachen.

Höre oh Wanderer

Gibt es keine Wege, ergeben sich Wege beim Gehen

Vier gestandene Männer und vier Frauen,
wollten den alten Watzmann sich beschauen.
Das Abenteuer trug sich zu vor längerer Zeit,
acht Wanderer waren beim Start bereit.

Abfahrt war morgens früh morgens um sechs,
keiner nahm wahr die kleine Hex,
die weggezaubert hat, oh wie gemein,
den wochenlang goldenen Sonnenschein.

Jetzt Regenwolken, dunkel und schwer,
zogen feucht über's Badener Land einher.
Unbeeindruckt von allem wurde trotzdem gefahren,
gen Königssee zum Ausgang, waren wir im Klaren.

Berchtesgadner Land, wie du bist so schön,
ach könnten wir nur ein wenig davon seh'n.
Da wo sonst ringsherum steile Felswände ragen,
wabert jetzt nur des Nebel graue Schwaden.

Per Schiff ging's hinüber nach Sankt Bartholomä.
Der Regen verschluckte das Echo vom See.
Im Malerwinkel und manche anderer Klamm,
der Mensch rein gar nicht erkennen kann.

Sankt Bartholomä, im Regen das Boot legt an,
aussteigen muss nun Frau wie Mann.
Mit Stiefel, Rucksack, Stock, Schirm und Hut,
zielstrebig man die ersten Schritte tut.

Die Karte zur Info im nassgrünen Tann.
Auf geht's, die beschwerliche Wanderung begann.
Ein großer Schritt über einen kleinen Fluss,
hinüber kamen wir mit trockenem Fuß.

Das Wanderwetter so recht für's Gemüt,
vor Blitz und Donner uns Gott behüt.
Wohl an, das Schicksal nimmt seinen Lauf,
die erste Steigung, gehen alle hurtig hinauf.

Meter um Meter wird nach oben gestiegen,
türkisgefärbt sieht man den See unten liegen.
Noch ein paar Meter im Zickzack-Stil,
es ist keinem mehr trotz Dauerregen kühl.

Gewandert wird zielstrebig in der Natur,
für echte Wanderer Freuden pur.
Er ergeht sich in der Höhen s Ruh und Stille
und genießt jedes Detail der Bergidylle.

Weiter geht es mit immer noch frohem Sinn,
tropft der Regen längst auf Nase und Kinn.
Schon heißt es: „Leute dort geht, s hinauf,
der Saugasse entlang, immer steil bergauf."

Schweißgebadet fragt dann mancher sich,
Mensch Frau/Mann was kam den über dich?
Auf was hab ich mich da bloß eingelassen?
Wer plant und baut nur solch' quälende Gassen?

Der Hunger ist auf ein Minimum reduziert
und der Körper dafür viel Flüssigkeit verliert.
War der Durst zuerst nur ein Schwerenöter,
wurde er zum Feind, Meter um Meter.

Doch ist man dann oben, schnell kommt die Wende.
Im Kärlingerhaus reicht man froh sich die Hände.
Die letzten Kräfte wurden nochmals mobilisiert,
auf zum Waschgang und die Haare rasch frisiert.

Vom Rucksack und den Wanderschuhen befreit,
ist der wartende Hüttenzauber nicht mehr weit.
Ein gutes Essen, eine Flasche roten Wein,
ersetzt uns den fehlenden Sonnenschein.

Wohlige Wärme durchzieht die Stube; den Gast,
herrlich ist die erholsame Hüttenrast.
Die Flasche macht noch ihre letzte Runde,
da ist Bruder Schlaf schon mit im Bunde.

Ein Matratzenlager ruft uns bald nach oben,
nach der Hüttenruhe, gibt's singen, kein toben.
Ein jeder wünscht sich noch eine gute Nacht,
dann wird das Lichtlein ausgemacht.

Ruhet sanft, schlaft träumend in Frieden,
nur der Regen hält immer noch sich hienieden.
Tags darauf, keine frohe Kunde,
es schneit inzwischen, zur Morgenstunde.

Das Frühstück wird trotzdem eingenommen
und wir sind dabei zum Entschluss gekommen.
Gewandert wird, ob es stürmt oder schneit,
zur Wimbachgrieshütte ist es nicht sehr weit.

So zogen von dannen acht Wanderer gut gelaunt,
was Bergenthusiasten nicht bass erstaunt.
Höhe Zweitausend muss die Gruppe erreichen,
der Gedanke daran ließ uns schier erbleichen.

Glatter Fels, Schneefelder galt's zu überwinden,
kein trockenes Plätzchen weit und breit zu finden.
Geröll und Steine, an Größe fast einen Meter,
wurden überstiegen mit Gestöhne und Gezeter.

Hinauf ging's und hinunter, Stunde um Stunde,
wir trugen und hievten körperliche Pfunde.
Doch der Bergkamerad hat, das sei ihm zur Ehre,
ein Herz für die, die beklagten die Schwere.

Zuverlässig bietet er Hilfe und seine Hand,
das auch die Schwächste als Trost empfand.
Ja, waren Kämpfe und Krämpfe ein Wegbegleiter,
halfen nette Kavaliere tatkräftig weiter.

Und wollten die Knie, die Füße schmerzen,
begannen sie trösten, zu lachen und scherzen.
Erreicht wurde auch das zweite Etappenziel,
oh Wunder, oh Wunder welch ein herrlich Gefühl.

Wimbachgrieshütte, Sehnsuchtsort nach Wärme.
Mög' sie dort durchziehen uns Hals und Gedärme.
Bei deftiger Hüttenkost und dem Glas Rotwein,
will jeder gern in humoriger Gesellschaft sein.

Doch der Sandmann spricht: „Brich auf zur Ruh,
leg dich nieder, mach deine Augen zu.
Direkt unterm Dach das Matratzenlager grüßt.
Und schon auf der Treppe manch einer büßt.

Bei der Menge an Gästen, die hier wollen schlafen
und andere mit einem Schnarchkonzert strafen.
Das Lager ist eng, besser gesagt schmal,
man liegt Kopf an Kopf im Matratzensaal.

Oropax wäre nun sehr hilfreich ohne Frage,
denn die Schnacher sind eine arge Plage.
Endlich, ein neuer Tag ist angebrochen,
müde Mann und Frau kamen aus dem Sack gekrochen.

Bei der Katzenwäsche eiskaltes Wasser schreckt,
selbst der Schläfrigsten ist nun aufgeweckt.
Dafür gerne sich zum Frühstück versammeln,
wenngleich man wollte gerne herum gammeln.

Dann der Weg geht nur noch sanft bergab,
bis die schaurige Schlucht erreicht man hat.
Das mächtige Wimbachgries liegt nun zurück,
Wimbachschloß am Weg; ein kleines Glück.

Ab Ramsau folgt per Bus die Landbeschau,
mitten durchs typisch bayrische weiß blau.
Bis erreicht ist der smaragdgrüne Königssee,
liegt ferne schon, Felsen, Stein und Schnee.

Schnell nun die Autos werden beladen,
noch immer ziehen vorbei die Nebelschwaden.
Westwärts gen München geht die Fahrt,
wo Sonnenschein uns Wanderer erwart.

Der Watzmann wollte sich uns nicht zeigen,
Böse Wetterkapriolen sind seit jeher im eigen.
Doch alles in allem, der Ausflug war schön,
ein jeder freut sich auf das nächste Wiedersehen.

In diesem Sinne, wünschten uns Berg Heil,
Wunsch für das nächste Mal: „Bitte nicht mehr so steil!"

St. Bartholomä und der Funtensee in Tristesse

Hoch der Krankenschwester

Bekannt ist sie jedem und allen,
wichtig und geehrt ihr Tun und Wollen.
Geschätzt ist sie für all ihr Bemühen,
kommt sie spät oder schon in den Frühen.

Wollen um Zeiten nicht streiten,
müsste Patient darum leiden.
Patienten die ihr Leben fristen,
oder solche die nur Egoisten.

Da finden sich welche mit Grillen,
Es sind Laute und sind auch die Stillen
Patienten geduldig oder voller Elan,
die sagen: „ja, wir packen es an".

Andere die leiden oder todmüde sind,
Patienten, die weinen wie ein Kind.
Allen steht die Schwester ihnen zur Seite,
helfend und lupenrein im weißen Kleide.

Kommt um den Blutdruck täglich zu messen,
und halt, bitte Bettpfanne nicht vergessen.
Muss Pillen bringen und Spritzen verpassen,
des Morgens früh frisch die Betten machen.

Auf der Intensivstation triffst du sie an,
selbst im OP steht sie tüchtig den Mann.
Ein ruhender Pol will sie steht's sein,
und schenkt Kraft, tagaus und tagein.

Krankenschwestern; welch ein Glück,
stellen das eigene Ich gerne zurück.
Stunde um Stunde sind sie einsatzbereit,
für eine kleine Pause reicht kaum die Zeit.

Sei froh, dass es Krankenschwestern gibt,
da sonst manches, ja alles im Argen liegt.
Denn hätten wir diese helfenden Engel nicht,
wo blieben dann Er, Sie, Du und Ich?

So wollen wir dankbare Menschen bleiben,
denn wer kann wissen, wer wann muss leiden.

Marienkäfer

Lauf Krabbelkäfer, lauf,
hast gar zarte Flügel
und einen roten Panzer,
mit schwarzen Punkten d'rauf.

Krabbelst von dem Stängel,
zu einem zarten Blütenblatt.
Frisst der Menge Läuse,
wirst rund und satt,
fliegst dann davon, du Bengel.

Morgenfrieden

Nach endlos langer, schlafloser Nacht
erfreut schon das nahende Morgengrauen.
Wissend, der neue Tag ist nicht mehr fern,
der wieder seine eigene Plag' und Sorgen hat.

Längst ist am Firmament verblasst der letzte Stern.
Doch da, hörbar erklingt ein Vogelchor.
Es ist ein zwitschern und fröhliches jubilieren,
vielstimmig vom Bass zum hellen Tenor.

Eben wie nur Mutter Natur kann intonieren.
Höre, des Tages Echo ist noch weit.
Still lauscht des Menschen Ohr
dem frühmorgendlichen Lobgesang.

Das Herz geht auf, wird froh und weit,
selbst der Alltag nimmt gewohnten Lauf.
Zeigt in den Freuden, wie im stillem Leid,
der Tag wird schön; nimm die Arbeit auf.

Morgengebet der Vögel

Zur Stille neiget sich das Ohr,
klingende Vogelstimmen treten vor.
Das Drängen der Natur aus ihnen spricht:
Dankgebet im Morgenlicht!

Ihre Sprache ist das Jubilieren.
Es steigt seit alters her empor.
Schon früh des Tages bringt es Kunde,
Frohsinn bricht aus des Herzensgrunde.

Ihr Jubelgesang wird zum Morgenliede,
bezwingt die Sinne durch ihr Tun.
Will schenken dir Ruh und Friede
und lässt die Wehmut wieder ruhn.

Tierisches Vergnügen

Muttertag

Mutter, Wort und Tat von Anbeginn der Zeit.
Mutter, zum Dulden, Sorgen, Tragen bereit.
Mutter, der Menschheit Kinderglück.
Mutter, teilt gerne das Brot Stück für Stück.

Mutter, Wächterin bei Krankheit Tag und Nacht.
Mutter, aus deren Auge die Liebe lacht.
Mutterhände, die gerne sich regen,
Mutterworte, die das Universum bewegen.

Mutterliebe, sie lehren Danke sagen,
Mutterherz hilft kleine Lasten tragen.
Mutter, sie hält fest die kleine Hand,
Mutter führt hinein in ein Märchenland.

Mutter hält aufrecht des Tageslauf.
Mutter nimmt Schlag auf Schlag gerne in Kauf.
Mutter hilft dem Kinde beim Erwachsen werden,
Mutter, du teurer Diamant auf Erden!
Mutter, wie ein Fels im Weltgewimmel.
Mutter, du bist ein Stern am Kinderhimmel.
Mutter wird dann zur Oma gemacht.
Mutter, Großmutter so lind und sacht.

Mutter, war der Weg Einstens offen.
Mutter, so ist heut' der Kreislauf geschlossen.
Mutter trat ab von der Lebens Bühne,
Mutter, ewig sei dir meine Dankeshymne!

Ruf der Berge

Auf mein Freund, mach dich ans Werk.
Kein Zaudern gibt's, ruft dich der Berg.
Ein Sehnen ist es, in Herz und Sinn,
zieht es den Wanderer zum Berge hin.

Gut geschnürt ist dein Wanderschuh,
der Weg ist das Ziel, dem wandere zu.
Ein Raunen hörst du von Berges Höhn,
es sagt, „komm steige herauf und um zu sehn".

Ist mühsam dir mancher Schritt mit Ach und Weh,
steil bergauf über Felsen und Schnee.
Sind hartes Geröll und Gletscher überwunden,
garantiert naht das Ziel, nach vielen Stunden.

Der Marsch nach oben wurde nicht bereut.
Weder Zeit, noch Mühsal von dir gescheut.
Voll Zuversicht den Aufstieg begonnen,
schwitzend und keuchend die Zinne erklommen.

Nahmst alle Strapazen gerne in Kauf,
ragte endlich das Gipfelkreuz vor dir auf.
Grenzenlos schweift der Blick über Berge und Land,
vor Glück eine kleine Träne im Auge stand.

Wie ein Adler fühlen, in Stille und Glück,
ist es auch kurz, nur für einen Augenblick.
Wo tiefer Friede, Stolz, Lob und Dank,
mächtig in deiner Seele Einkehr fand.

Doch kurz bemessen ist deine Frist,
in der du dort oben auf dem Gipfel bist.
Ein stiller Mahner bleibt die Uhr,
geht's wieder nach unten in der steilen Spur.

Gedanken der Freude ziehen nun mit,
voller Elan der Schritt, jeder Tritt.
Den Gipfel hast du siegreich bezwungen,
des Tages Soll ist erfüllt und dir gelungen.

Volle Zufriedenheit daraus dein Ego findet,
alle Anstrengung des Körpers schwindet
und weit unten, wieder dort im Tal,
ist bald schon vergessen Sorge und Qual.

Doch eines bleibt zurück in Herz und Verstand,
der Ruf der dich mit dem Berge verband.
Sein Echo lockt dich wie im Traume:
Komm Wanderer, auf, sehe und staune.

Im Montafon bei Tschagguns und auf dem Lechtaler Höhenweg

Rücksicht

Sieh zarte Blumen am Wegrand steh'n,
sie können erfreuen Herz und Auge.
Bitten um dein sachtes weiter geh'n
nicht sie zu zertreten aus reiner Lust.

Wahrlich Unschuld ist ihr Name,
trägst du auch in dir tiefen Frust.
Lass es die Blumen nicht müssen leiden,
aus purem Übermut oder gar Lust.

Man möge immer es bedenken,
dass auch bunte Blumen am Wegesrand
viel Freude für Herz und Sinn dir schenken.
Sie sind ein fein Kind der Mutter Natur.

Spiegeln das Leben, fangen Sonnenschein.
Ist jedes Pflänzchen auch noch so klein.
Niemand ist fehlerfrei; jeder denke recht.
Ist ihm die Kreatur dennoch einerlei,
bleibt er sein eigener, armer Knecht.

Ungewisses

Manch Unheil naht in kleinen Sprüngen,
sein erwähltes Opfer sollte es nicht sehen.
Auf dass es ihm mag leicht gelingen,
Seit' an Seit' eng mit ihm zu gehen.

Sich nicht scheute ihn in die Flucht zu treiben,
hat Vergangenheit und Gegenwart ihm genommen,
doch eines ist ihm gnädig gewährt.
Was der Menschheit Sitte bleibt unbenommen.
das ehedem ihm ward gelehrt.

Baut man auch einen Palast der Winde,
steigt peu á peu weit hoch in dieser Welt.
Bleibt dennoch er nur der Erde Kinde,
wenngleich Sonn' und Mond er in Händen hält.

So nehme eine Waage, die genau misst.
Lege in seine Schale all jene Gaben,
die der Mensch' so gerne vergisst.
Soll zeigen ob sie Zentner betragen.

Wird sie zur einen Seite sich neigen,
zeigt die andere, dass zu leicht es ist.
Kaum will die Schale zum Messpunkt reichen,
fehlt ihr's doch am rechten Gewicht.

So wird jegliches Tun und ehrliche Lieben,
alles was man von Herzen hat getan,
zuletzt in Gottes gerechtem Urteil liegen.
Gehe im deinem Tun ganz sachte zu Werke
denn Gelassenheit ist eine mächtige Stärke.

Vergangenheit töten

Versuche die Vergangenheit zu töten,
und alte Erinnerung auszulöschen.
Erinnerung bleibt ein hartnäckiges Wesen,
Gedanken schweigen um nicht zu sterben.

Das Papier kann verderben, doch was es enthält,
erhebt sich aus der Asche, bleibt im Herzen bewahrt.
Liebe verlöscht nur wenn es gewollt.
Erinnerung ist eine Maid vor Blicken bewahrt.

In allen Lehren des Lebens wurd's vernommen.
Ihr Preis hat gar so manchen hart genarrt.
Doch hat sie sich erst gezeigt in ihrer Gabe,
Gelebtes, Erlerntes wird Flügel bekommen.

Nur leider mit Falschheit ist die Welt liiert.
Doch solches dulden wollte die Liebe nicht,
noch dass jemand Hass im Herzen gebiert,
Liebe stattdessen duldet; will verbinden sich.

Vogelruf

Die Morgenröte zeiget sich am Firmament,
färbt Wolken im rot leuchtenden Schein.
Mein erwachendes Auge wird gegrüßt.
Gedanken gehen mit mir spazieren
und ich vernehme altbekannte Töne.

Fehlte mir bisher ein Morgengruß,
das zwitschern der Amsel erklimmt im Chor.
Selbst ein Rotkehlchen mischt sich ein.
Alle lassen erklingen ihr Bettellied,
sitzen wartend im Busch, auf dem Baum.

Unverdrossen ertönt ein helles Zip, Zip:
Körnlein, Körnlein dich hab ich lieb.
„Gesegnet sei was die Küche hält parat,
was mir kann bekömmlich sein und ist delikat".
Dem Freunde gefiederter Gesellen,
tagtäglich ein vertrautes Konzert erklingt.

4

In Trauer

Erinnern

Ein teures Menschenkind, uns wohlbekannt,
in Gesinnung und Glauben anverwandt,
begleiteten wir ein Stück des Weges,
erlebten Höhen und Tiefen ihres Lebens.

Kannten wohl ihre Not und tägliche Pein
und hörten sie oft um Hilfe schrei'n.
Ja, als ihre schlimmste Lebenszeit begann,
halfen wir der Geplagten, so gut man es kann.

Rat- und ziellos war selbst ihr Glaubenslauf;
täglich ging es mal hinunter, mal hinauf.
Alkohol, entgiften, Phasen ihres Lebens;
der Schmerz aller Mühsal war dennoch vergebens.

So wenig konnten wir tun, helfen und geben,
nur ein offenes Ohr haben, Geduld für ihr Reden.
Auf alle Fragen: „warum allein?",
schenkten wir das Gefühl, für sie da zu sein.

Helfen konnten wir nur in kleinen Dingen,
um dies und das wieder ins Lot zu bringen.
Konnten ein wenig mit Rat und Tat zur Seite stehen,
doch den bitteren Weg musste sie alleine gehen.

Um anzukommen, dort an jenem Punkt,
da lautlos das Herz um Hilfe gefunkt
und ihr trauriges Leben ein jähes Ende nahm;
egal wie es geschah; wie es letztlich kam.

Uns bleibt zum Trost das Wissen zurück,
ihr Hoffen auf Liebe und ein kleines Glück,
liegt nun dort oben in des Schöpfers Hand,
wo ihre Seele eine ewige Heimstätte fand.

Heimgehen

Gehen will ich, endlich gehen,
all die Lieben drüben sehen,
die warten dort an jenem Strand,
das auch wird mein Heimatland.

Sorgen und Schmerz lass ich zurück,
gehe hin zum ewigen Glück.
Gehe ein in das verheißene Land,
wo viele der unsteten Pilger Ruhe fand.

Es bleibt zurück das Fleisch, der Leib,
der Hülle war, für eine kurze Lebenszeit.
Lass zurück alles Weh und Ach,
gehabte Mühe, manche Schmach.

Ja war mein Glaube nicht immer groß,
so kennt mein Schöpfer dies Erdenlos,
ruft ER mir zu: „Komm mein Kind,
deine Erdenjahre nun zu Ende sind."

Dann will ich folgen, dorthin entflieh'n
und freudig zum andern Ufer hin zieh'n,
zu jener Quelle, die dort unaufhörlich quillt
und der Seele alle Sehnsucht stillt.

Will dort stehen auf lichten Höhn,
darf meines Heilands Antlitz sehen.
Heim, ach nur heim lass mich gehen!

Trauer

Eine kleine Weile ist vergangen
und deshalb hohe Zeit euch zu schreiben.
In sich selbst ist man befangen,
bewusst beim Gedenken eurem Leiden.

Dennoch waren wir im Geiste verbunden,
gedachten mit Gebet, im festen Wissen,
eine Seele hat ihre Ruhe gefunden,
die wir hier dennoch sehr vermissen.

Es wurde dunkel; verlöschte ein Licht,
zurück blieb nur Weinen und Klagen.
Stilles Seufzen nur, wenn's Auge bricht;
ach, was soll Mensch nur dazu sagen.

Ein kleiner Schritt, nah und doch so weit,
liegt der Verheißung sel'ger Ort.
Und alles Leben wird zur Maßarbeit,
trägt der Tod es irgendwann fort.

Ist angefüllt des Lebens Stundenglas,
misst Gott es mit anderer Elle.
Nur der Schöpfer kennt das rechte Maß,
von der Geburt bis zur Himmelsschwelle.

Ausreichend zugemessen hat es der Ewige,
nach göttlichem Sinn und perfektem Plan.
Er allein bleibt der bildende Töpfer,
alles Werk ist ihm untertan.

Eines lehrte uns längst die Geschichte,
machet gerechtes Maß und gute Gewichte,
denn wie wir selber messen auf Erden,
wird uns Einst auch zugemessen werden.

Trost in der Trauer

Zeit und Ewigkeit ist nur ein Schritt,
in eine andere, neue Dimension.
Zeitlichkeit und Ewigkeit
trägt ab und an das gleiche Kleid.

Kommen und Gehen, Anfang und Ende,
liegen allein in Gottes Hände.
Doch wie tröstend ist der Gedanke,
in jenem Land sich an der Quelle zu treffen,
die licht ist und unbeschreiblich schön.

Geliebte reichen glücklich sich die Hände,
erfreuen sich am ersehnten Wiedersehen.
Sorgen und Lasten sind dann vergessen.
Wiedersehen, o wie wunderschön.

Verlorener Kampf

Wer kennt die Mühe, wer die Plage,
wer hilft verstehen, wer hilft tragen?
Sie ist erlöst vom Leiden, befreit von böser Sucht,
die überall und täglich willige Opfer sucht.

Kaum ein Mittel kann sie heilen,
nur eiserner Wille und Verzicht.
Doch das schaffen nur die Starken,
die Schwachen es leider nicht!

Wie oft wird sie verschwiegen
und wer gibt es schon gerne zu,
dass Familien in Banden liegen,
ohne Freude und ohne Ruh.

Drum wer von Süchten blieb verschonet,
egal gleich welcher Art und Plag'.
Seinen Schöpfer sollte loben,
an jedem neuen Tag!

Versuche Betroffene als Kranke zu betrachten,
statt mit Moral und Predigt täglich zu belasten.
Gute Ratschläge sind leicht daher gesagt,
doch schwer umsetzbar ist es in der Tat.

Gott mög' der geschundenen Seele im jenseitigen Land,
die Ruhe, den Frieden und alle Liebe geben,
das alles, was sie hier in diesem Leben nie fand.

Verstehen

Kurz oder lang ist die Zeit auf Erden,
in die Menschen hinein geboren werden.
Und dem Manne, dem Weibe, dem Kind,
die Erdenjahre nur gelebte Episoden sind.

Plötzlich ist die Stunde gekommen,
eine Seele wurde hinweg genommen.
Es zog ins Jenseits ein liebendes Herz;
zurück bleiben Trauer und Schmerz.

Tränen der Wehmut fließen ohne Zahl,
dem Zurückgebliebenen ist es eine Qual.
Doch den Trost, das Wissen, den Glauben,
lassen wir uns auf Erden nicht rauben.

Dem im Herzen bewusst ist, Stück für Stück,
kehre ich selber einst dorthin zurück.
Dahin wo der Mensch ist ausgegangen
und wovon uns Engelscharen sangen.

Hier auf Erden ist unseres Bleibens nicht,
die Heimat der Seele ist droben im Licht!
Darin wird dann aller Kummer still,
bleibt übrig die Bitte: „Wie Gott es will!"

Weh im Herzen

Wie wenig lässt sich's mit Gedanken spielen.
Sag, wer vermag nicht mit dem Herzen fühlen.
Der größte Schmerz fürwahr geht einher
mit Leid und Tränen, in Tagen schwer.

Doch kein Auge soll sich dessen schämen.
Nicht Kummer ist, was Gott uns gibt,
ist er es doch der jeden Menschen liebt.

Erst wenn der Mensch liegt im Erdenstaube,
die Welt und alles Irdische überwunden ist,
bleibt übrig der Trost im Glaube
und die Sonne der Liebe zeitigt der Hoffnung Licht.

Symbole der Trauer

Oben: Geschmückte Gräber
Unten: Paradies

5

Lob dem Schöpfer

Abend

Prüfe an jedem neuen Tag,
ob er Gott gefallen mag.
War er freudig in Tat und Treue
oder mutlos in Angst und Reue.

Sollst gerne die Namen deiner Lieben nennen,
Hass und Unrecht vor dir bekennen.
Sollst dich dem schlechten stille schämen,
kein Schatten mit ins Bett dir nehmen.

Alle Sorge von der Seele tun,
lass sie fern des Tages einfach ruh'n,
dann bist du rein, ja bereit,
wie einst zu deiner Kinderzeit.

Kannst aus dem Schlafborn ruhig trinken,
wo goldene Träume Dir tröstend winken
und den neuen Tag mit frohem Sinnen,
als ein Sieger dann beginnen.

Abendstimmung
in und um Bühl

Entstehen

Ach wärest du mit dabei gewesen,
als unsere Erde die Berge gebar.
Die vor Millionen Jahren entstanden
und dabei sich ihrem Schoß entwanden.

Wo sie glühend schufen tiefe Kluften,
erstarren dann in lauen Lüften.
Von all den kalten Grüften,
taute die Sonne das eisige Kleid.

Es wurde zu Wasser und riss tiefe Rinnen,
schuf sanfte Täler, bewegte den Grund.
Baute und formte bizarre Zinnen,
es tat sich auf der Erde Schlund.

Bergwände mit weisen Häuptern
stolz nun gen Himmel starren
und über der bizarr steilen Wand
Wolkentürme und tosende Winde harren.

Grellen Blitzen folgten Donner mit schwerem Schlag,
verwandelten dunkle Nächte zu helllichtem Tag.
Bedurfte es des Allmächtigen nur ein Wort.
Oh hättest du selber es vernommen,
wäre bei Furcht das Blut dir geronnen.

Im Erahnen solch urwüchsiger Gewalten
beugt in Ehrfurcht die bange Seele sich.
Muss und will anerkennen Gottes Walten,
der jetzt wirkt und ewiglich.

Geschenk

Dein ist Saat und Ernte.
Dein ist die ganze Welt.
Dein ist das Gelernte.
Dein das Himmelszelt.

Dein sind Wiesen und Felder.
Dein sind Wolken und Wind.
Dein sind Meere und Wälder.
Dein ist jedes Menschenkind.

Dein sind alle Gedanken.
Dein bleibt Leben und Tod.
Dein sind Gesunde und Kranke.
Dein ist der Ähre Brot.

Dein sind gebende Hände.
Dein ist Friede und Ruh.
Dein bleibt Anfang und Ende,
schenke Gnade und Segen hinzu.

Meereswellen

In der Brandung ein Fels,
um ihn tobende Wellen.
Wo Möwenschreie gellen
und die Woge sich bricht.
Sind auch gierig ihre Zungen,
werden sie niedergerungen,
zu wild schäumender Gischt.

Not und Zeit

Des Glaubens Flamme ward im Herzen entfacht.
Die Hoffnung diente treu als Amme
und hat ihr Opfer dafür gebracht.
Es erblühte daraus freundliches Geschick,
gebar über Bitten und Verstehen.

Manch Quäntchen erlebtes Glück,
hatte das Schicksal auch beschlossen,
dir aufzulegen ein Buch von Weh und Schmerz.
So will die Liebe unverdrossen,
schreiben hinein: „Sag, wie oft weint ein Herz?"

Sprich: „Es ist Not der schweren Zeit
und der Zeiten schwere Not."
Dennoch ist die dunkle Nacht noch weit
und gar so fern das erwartete Morgenrot.

Dann wird neu der Tag sich zeigen,
vielleicht mit ihm ein besseres Los.
Sich von manchem Kummer scheiden,
wo Sorg' wie Schmerz ins Vergessen floss.

Denn Gott legt gewiss Güte und Gnade hinein.
Gibt seinen Frieden und Hilfe in allem Walten.
Sei es im Großen oder unscheinbar klein.
Ihm obliegt das Geben und Gestalten.

Das Gestern, Heute und das Morgen,
ist ihm wie ein Buch ohne Anfang und Ende.
Darin ist alles, was uns noch verborgen,
offen in des ewigen Schöpfers Hände.

Ihm sei es geduldig anheim gestellt,
all seiner Werke, Sein und Tun,
Segen will er schenken, wie es ihm gefällt
Möge uns er Wohl in seinem Gefallen ruh'n.

Sternenglanz

Alles Dunkel atmet Stille,
über mir Sterne der Fülle.
Finster ist die Winternacht,
am Firmament Sternenpracht.

Wie Diamanten strahlend rein,
leuchten Sterne im hellen Schein.
Weisen mich sanft darauf hin,
dass ich Vergänglich bin.

So will ich harren dieser Zeit,
als Gefangene der Unendlichkeit.
Doch geht es dem Morgen zu,
verblassen die Sterne im Nu.

Das Morgenlicht grüßt von fern,
es verschwindet Stern um Stern.
Dennoch bricht tagaus, tagein,
immer eine neue Nacht herein.

Vaterliebe

Vater, du der die Sterne lenkst
und auch den Flug der Vögel.
Dem Tapferen Mut du schenkst
und dem Kind deinen Segen.

Du, der einst auch mich erschufst,
das Feuer der wärmenden Sonne
und das Samenkorn im Schoss der Erde.
Schenke Gnade, auf dass ich weise werde.

Vater, nimm du meine Hand,
ich will folgen, du willst mich führen.
Glück und Liebe lass mich spüren,
so lange ich wandere durchs Erdental.

Rings um mich liegt deiner Güte Schein,
alles was Gut ist, willst du mir geben.
Willst, dass jedes Menschenleben,
so ist wie am Anfang; hell und rein.

Es ist nur der Tod der sterben wird.
Not hört auf, Trauer verschwindet,
wenn der Mensch einst die Welt überwindet,
mit dir die neue Schöpfung erblickt.

6

Familienglück

Geburtstage

Die Zeit hat wohl nur ein Mango,
sie eilt so schnell dahin.
Gibt dem Leben einen Scheck,
ungedeckt und völlig Blanko.

Ist der Inhalt Verlust oder Gewinn?
Gredo der Zeit: Mensch alles wird vergehen.
Nur gepachtet sind die Jahre; eben nur geliehen.
Wohl dem, der es nimmt unbesehen,
wissend, wohin sie eilen und entfliehen.

Dein Dasein lässt es tagaus, tagein geschehen,
egal ob dir Rosen oder Disteln blühen,
oder kalte, raue Winde wehen,
das Resultat möge sein: Gewinn aller Mühen.

Geburtstagswünsche

Geburtstage sind nette Erinnerungen,
Lieder werden gerne gesungen,
Bilder voller Freude und Poesie,
Gespräche in Liebe und auch Ironie.

Sein oder nicht sein, ist nicht die Frage,
eher Freude und Frohsinn statt Sorge und Klage.
Geburtstage sind kein Verbrechen,
noch immer gelingt Hauen und Stechen.

Sie floss dahin, diese kurze Spanne Zeit,
versank still im Meer der Vergangenheit.
Schaut man zurück, ohne rosa Brille,
erkennt man in vielem Gottes Wille.

Denn die kleinste Tat, jedes liebe Wort,
trug ein Engel der Gnade mit sich fort.
Füllte voll auf, den Krug des Lebens,
bis zum Vollmaß reicht der Segen.

Schwere Tage wurden oft durchlebt,
durch Zorn und Leid die Welt erbebt.
Doch auch Tage, friedvoll und schön,
die Seele erahnte schon Himmelshöh'n.

Schmerz und Kummer, wer kennt dies nicht?
Dennoch wärmte der Gnade weiches Licht.
Fühlte die Liebe aus barmherziger Hand,
Jahrzehnte sie dir oft zur Seite stand.

So gesehen mag es dir weiter gelingen,
Frieden soll stets das Herz durchdringen.
Freudige Augen, trotz Schmerz und Pein;
Wissend der Gnade, du bist niemals allein!

Gedanken zu einer Taufe

Erdendasein, ein Freudenfest,
für den kleinen Erdenbürger.
Als Sonnenschein gar wohlbehütet,
fand vor, er ein wärmendes Nest.

Heute wird ihm nun eins geschenkt,
von den besonderen Himmelsgaben.
Auf dass Gott sein Geschicke lenkt,
nur zum Wohle, nie dem Schaden.

Wo Kindesglaube und Elternliebe mitgeht,
dem teuren Schatz, der im Mittelpunkt steht,
steht's den rechten Weg ihm weist,
möge Wachstum sein an Leib, Seele und Geist.

Goldhochzeit

Vor Zeiten waren es einmal zwei,
die einst im Wonnemonat Mai,
sich gegenseitig ihr Jawort gaben
und es bis heute nicht beklagen.

Wohl ist es dem Schicksal hart gelungen,
dass beide zum Handeln war'n gezwungen.
Sie haben ihr Eheschifflein bestiegen,
wollten das große Weltmeer besiegen

Tiefe Wasser und gar gefährlich raues Riff,
bedrohten oftmals dieses Schiff.
Doch die Liebe trotzte Sturm und Wogen,
nie lag das Schiff mit Kiel nach oben.

War es auch oft beladen mit Not und Sorgen,
wusste sie sich in den Fürbitten geborgen.
Denn einer half steuern so manche Stunde,
war Gott doch als Steuermann der Dritte im Bunde.

Er lenkte ihr Tun, tagaus und tagein
und ließ sie genießen das Glas Freudenwein.
Ließ wachsen aus dem Lebensholz,
süße Frucht, sprich Elternstolz.

Nun sind es fünfzig Jahre schon,
das Eheschiff längst den sicheren Hafen fand.
Im gemäßigt ruhigen Wasser liegt es nun,
wohl geborgen in des Schöpfers Hand.

Hochzeitstag

Erinnerungen den Hochzeitstag begleiten,
egal in welches Jahr wir schreiten.
Erfreust du mich mit einer Gabe,
mein Dank gilt dir, ohne Frage.

In Liebe wir uns ins Auge blicken,
dabei uns ins Gegebene schicken.
Denn fortgeschrittene Ehejahre,
brachten hier und da graue Haare.

Gratis dazu noch ein paar Falten,
doch unser Humor, der blieb erhalten.
Gemeinsames tragen, lachen, weinen,
lässt Ehejahre gehaltvoll erscheinen.

Das Leben führt bergauf, bergab,
hält die Liebe schön in Trab.
Drum hat jede Falte im Gesicht,
so gesehen ihr eigenes Gewicht.

Treue soll unseren Weg bestimmen,
kein Zeitgeist einen Sieg erringen.
Wo Umleitung nicht kann verführen,
werden wir uns auch nicht verlieren.

Was das Nächste auch mag bringen,
Gottes Hilfe wird's lassen gelingen.
Komm, fülle das Glas mit edlem Wein,
stoße mit mir an, lasst uns fröhlich sein.

Hochzeit am Freitag den Dreizehnten

War Freitag der 13. ein gutes Omen?
Allgemein sagt man ja: „Nomen est Omen".
Jahrzehnte sind nun schon bis Dato beschieden,
nahmen Niederlagen und Siege in Kauf,
in einem erfüllt gemeinsamen Zeiten Lauf.
Noch sind wir nicht getrennt oder geschieden!

Vierundzwanzig Stunden hat jeder Tag,
Bei fünfzig Jahre das Ergebnis man mir sagen mag!
Doch was es in all den Jahren an Inhalt war,
machte Achtung, Verstehen, die Liebe klar.
Unzufriedenheit würde zeitigen, das ist wahr,
nur unnötigen Frust und vielleicht Herzeleid.

Ergo sind heute andere Wünsche angesagt,
solche, die noch jeder zu erfüllen vermag.
Gehe ich damit nun ins Detail,
hoffe ich, manch einer wird mir feil.

Wunsch Nr. 1
In der Annahme es sollte uns glücken,
mehr Zärtlichkeit in des Alltages Tücken.

Wunsch Nr. 2
Ab und an einmal ausgehen;
einfach andere Tapeten sehen,
gemütlich bummeln und ein Eis essen.
Das ist nach des Tages Mühe und Frust,
einfach mit dir, pure Liebeslust.

Wunsch Nr. 3
Ein Tête-à-Tête bei leuchtendem Kerzenschein,
Romantik pur, bei einem guten Glas Wein.

Wunsch Nr. 4
Nicht der Computer sei Herr der Ringe,
denn er vernebelt ab und an die Sinne.
Logo, was sein muss, das muss sein,
um des Mammons Segen.
Da hat unsereins auch nichts dagegen.
Doch nach gar vieler Stunden Zahl,
in Summa Summarum, Zeit er uns stahl.

Denn die Jahre lassen sich nicht klonen
und sie wird auch kein Zeitgeist verschonen.
Deshalb die Parole gilt, Augen zu und durch.
Hinz und Kunz machten es schon längst vor.

Allerorts hört man den gleichen Tenor.
Doch falsche Töne liegen dem fern,
der weiß, man hat sich noch von Herzen lieb
und sogar noch nach fünfzig Jahren gern.

Höre und bewahre

Was Muttermund einst dir beigebracht,
bewahre es wohl und nicht veracht'.
Jedes Wort soll bleiben in der Erinnerung,
gedenke, dass sie es dir liebend vermacht.

Symbole der Liebe während einer Landesgartenschau in Kehl

Liebe

Liebe, ein geflügeltes Wort,
wohlbekannt an jedem Ort.
Nach Liebe sehnt sich das Herz,
sei es in Freud', Leid oder Schmerz.

Liebe kann schmerzen,
kann kümmerlich sein,
dir aufstoßen wie herber Wein.
Empfangenden ist sie eine Himmelsgabe,
von der Wiege bis zu dem Grabe.

Sie zu bewahren fällt oft schwer,
geht man in Trübsal und Last einher.
Dennoch ist sie die schönste Gabe dieser Welt,
den Menschen die sie haben gerne gefällt.

Zwar hier und da gerne beschworen
und eitel nur für sich erkoren.
Liebe ist machtlos im Kampf und Krieg,
oh wie teuer bezahlt jeder Sieg.

Doch ein jeder wird die Liebe verspüren,
wo sich ihm öffnen des Herzens Türen.
Will festhalten das wunderschöne Gefühl,
dem Gebenden kostet sie ja nicht viel.

So freue dich glücklicher Erdengast,
wenn du das Wunder erleben darfst.
Der Liebe sei im Herze treu,
kann Erfüllung finden steht's auf's neu.

Mutter

Eine Schrift gibt's deren Züge
ohne Tränen ich nicht lesen kann.
Denn sie redet keine schöne Lüge,
die mir ein leeres Herz ersann.

Alle Worte sind nur Zeugen,
einer Liebe, tief, unwandelbar.
Einer Liebe die durch nichts ist zu beugen.
Eben wie die Liebe einer Mutter war.

Rückblick

Zum deinem letzten Wiegenfest,
verfasste ich ein schlicht Gedicht.
Mir ist's als ob's grad gestern ist,
doch gestern war es nicht.

Die Zeit, ich will's bekennen,
nimmt keiner mehr richtig wahr.
Gleich einem kurzen Flügelschlag,
eilt schnell dahin sie Jahr für Jahr.

Von Sonnenauf- bis Untergang
und in mancher dunklen Nacht,
bleibt an dich der Stunden Frage,
wie hast du die Zeit verbracht.

Heiter, froh oder gar traurig,
schlechtgelaunt oder frohgemut,
Antwort gibt am Ende jener,
in dessen Hand man immer ruht.

So sollen unsere guten Wünsche,
dir eine wahre Herzensfreude sein.
Und das war wir dir bringen an guten Gaben,
Tag für Tag dich recht erfreuen.

Silberhochzeit

Verbunden seid ihr seit 25 Ehejahren,
schnell dahin geeilt ist diese Zeit.
Doch wieviel habt ihr darin erfahren,
Süßes wie Bitteres hielt sie euch bereit.

Eurem Jawort stets treu geblieben,
das soll auch in Zukunft euch begleiten.
Jenes Wort von Glauben, Hoffen, Lieben,
in Freuden möget ihr sie durchschreiten.

Wenn ebber Fünfzig wird

Jetzt hemmer de Dreck, jetzt isches passiert,
grad hitt s'Maidle (oder de Bue) de Vierer verliert.
Do gibts fei nix z'dischbediere,
so en Fünfer mues jeder erscht breschtiere.

Ännewäg het sich jeder veschreckt,
wo's Lebe do allewiel ebbes onderes usheckt.
Wo jeder sich seid, oni z'luege,
mit so me Fünziger kenntsch Gäsehut kriege.

S'got halt degege, s'läbbert sich z'sämme,
will ab de Fünfzig d'Joohr grad so weg renne.
S'herzbobbere un sunschdige Breschte;
s'gehn dr'au no us, so eh paar vun dinne Buerschte.

Un selli Hutt griegd ä wängele me Runzle;
am beschte luegsch us bi ner Kerzefunzle.
Un Zipperle kumme doher z'hämpflewiis;
bruch'se net rieefe, sie kumme gonz lies.

Au mit sellem Gumpe konmer nimmi lande,
jo s'Lebe zeigt d'r d'Ecke und d'Kante.
Doch sell isch eher eh Haaferkääs,
seltewäg isch d'r au niement bäs.

So eh Fünfziger, die sin jo au z'verschmerze,
het mer nix an de Niere un nix am Herze.
Mer kann jo no gued ä Viertele verdrucke
und auch sunscht no einiges meh schlucke.

Elles des bliebt jo no eh Vergnuege,
do goht nix uf breche un biege.
Für elles gibt's au no mit Fünfzig eh Grund:
Für sie und ihn in'r romandische Stund.

Au schtudiere sollt mer im Alter no kenne,
Sport triebe, schwimme, wandre un e bissele renne.
Schallend lache und sich fir d'Lit iseze,
wo mancher wott scho sinni Messer wezze.

S'bliebt au ämme Fünfziger erschte Biergerpflicht,
wem Sellem und Jenner au de Hafer sticht.
De Kinder en guede Mueder und Omi bliebe
un als Opa mit dem Enkel d'Hiener ni driebe.

Zeit ist fließend

Die Zeit ist ein bewegter Genosse,
schultert das Jahr im Sauseschritt,
getragen von eilendem Rosse,
wird's sie zu einem schnellen Ritt.

Das Heute ist morgen schon Vergangenheit,
selbst der Tage Inhalt, was es auch ist,
Freude, Glück, Schmerz oder Leid,
man nach dem Gestern bald vergisst.

Wieder zogen Monate ins Land,
geprägt durch manches Hoch und Tief.
Wo die Laune sich steht wechselhaft befand,
einmal recht heiter, dann wieder ganz mies.

Zu einer runden Null

Gedanken von einer zur nächsten Null.
Die erste Null war ein Erlebnis,
die zweite nahmst du ganz stolz und leicht:
Die dritte ward gefeiert als Ergebnis,
mühelos war sie und glatt erreicht.

Die vierte Null von dir mit Schwung erklommen,
voll Elan und keinerlei Problem.
Doch ehrlich und genaugenommen,
war manches da auch schon unbequem.

Die fünfte Null trugst du dann mit Würde,
die leider schon längst vorbei.
Halbzeit nennt sich diese böse Hürde,
selbst warst noch fit wie einst im Mai.

Die sechste kam dann still und leise,
zwang den Lebenssommer in die Knie.
Dennoch gingst du weiter auf die Reise,
voller Zuversicht und mit viel Energie.

Die siebte Null ist nun gespendet,
wir zollen Verehrung, Achtung und Respekt.
Sie wird dessen Dasein zugewendet,
manch einer, der noch sich selbst entdeckt.

Die nächste Null bricht sich ab heute,
vorwärts blickend Weg und Bahn.
Nicht so stürmisch mehr, nur in stiller Freude,
ruft der Kalender unerbittlich sie auf den Plan.

Jetzt kann die Null niemand mehr erschüttern,
egal wie hoch ist ihre Zahl.

Zum Siebzigsten

Sieh nur, wie die Tage eilen,
kurz nur hier sie noch verweilen.
Die Zeiger an der Lebensuhr,
vorwärts, vorwärts gehen, nie retour.

Tag für Tag, Stück für Stück,
verschlingt die Zeit bei Weh und Glück.
Durchwanderst diese Welt als Gast,
trägst huckepack Deine Müh' und Last.

Doch auch der Liebe schönstes Kleid,
birgt Gegenwart und Vergangenheit.
Stets zur Seite standen Dir Wegbegleiter,
Helfer, Tröster und auch Streiter.

Dem Lenz des Lebens folgt ein Herbst und Winter;
der Blüte Frucht, Kind und Kindeskinder.
Hinein gewebt in den Zeiten Lauf,
nimmst Du auch die Siebzig noch in Kauf.

Zur silbernen Hochzeit

Aus der Myrte zart-jungem Grün,
strahlte die Zukunft froh und hold.
Gar manche Klippe wurde umschifft,
dabei oft kalter Wind in die Segel pfiff.

Doch heute durfte euch die Silberne erblühn,
und windet schon morgen den Kranz aus Gold.
Denn die Liebe veredelt sich stets auf Neue,
ist Unbekanntes auch der Zukunft liebster Gast.

So will sie Pfand sein für all die Treue,
die eine Ehegemeinschaft lieb umfasst.
Bleibt Geist, Gesundheit und Mobilität,
treuer Begleiter auf dem Weg des Lebens.

Dazu einer der euch gerne berät,
denn Gott bleibt Geber der Gnade, des Segens.
In diesem Sinne wünschen wir Euch Glück auf.
Mögen die nächsten Jahre Wünsche wahr werden lassen,
die ihr im Herzen bewegt und bewahrt.

Zur Goldenen Hochzeit

Fünfzig Ehejahre sollen gefeiert werden,
im Bewusstsein, nichts ist selbst verständlich auf Erden.
Fünfzig Ehejahre sich in Gemeinschaft üben,
im Glauben, Hoffen, Dulden und Lieben.

In sonnigen wie in dunklen, schweren Tagen,
sich stützen, helfen und mal auch tragen.
Fünfzig Jahre das Treuegelübde bewahrt und gehalten,
in der Gewissheit der Gott der Herr wird walten.

Denn Hilfe und Kraft wurde euch steht's zuteil,
ihr fandet im Gnadenamt Trost und Heil.
Wo Segen fließt aus Gottes liebender Hand,
sich in Kindern und Leben wieder fand.

Zeigte Glück sich an und manche Freude,
dann Tage mit Schmerz und Sorgen,
Trotzdem harrte euer immer ein neuer Morgen.
Dennoch war immer euer ganzes Bestreben,
das rechte zu tun im Nehmen und Geben.

Ein Wahlspruch möge auch weiterhin
wegweisend in fernen Tagen sein:
„Mit Dir oh Herr verbunden fühl ich mich nie allein."

7

Fleißige Leute

Eine Postlerin geht in Pension

In alter Zeit, lang ist es her,
da gab es einen Postillion.
Heute sieht ihn leider keiner mehr,
verklungen ist des Hornes Ton.

Zurück blieben die Erinnerung,
an Kutschenfahrt und Reiterei.
Doch blieb mit Feuer und mit Schwung,
die „Christel von der Post" dabei.

Als die „Christel von der Post",
eine Briefträgerin uns gut bekannt
und wird in Bühl von Süd nach Ost
von allen gerne so genannt.

Vollgepackt sind die schweren Taschen,
mit Zeitungen, Briefen und auch Karten.
Die Christel kommt auf Schusters Rappen
und täglich musste keiner vergeblich warten.

Sie hatte kein Moped, kein Automobil,
wer will es ihr verdenken,
es kam auch alles so an Platz und Ziel;
das Velo konnt' sie sicher lenken.

Nach fleiß'gen über dreißig Jahren,
ging sie jetzt leider in Pension.
Unzählige Kilometer es waren;
Ruhestand ist jetzt der verdiente Lohn.

Ruhestand

Nun trat es ein, es ist vollbracht,
Was du dir so hast ausgedacht.
Ruhestand von Amt und Würden
und auch so manch anderen Bürden.

Völlig im Vertrauen auf den Herrn,
tatest Jahrzehnte die Arbeit gern.
Warst ein Gärtner in Gottes Garten,
wo der Arbeit Fülle deiner harrten.

Es ist eine Kunst, so wie ein Hirte zu weiden,
nicht jedes Kraut mögen die Schafe leiden.
Wahrlich nie war es einfach und leicht,
schon gar nicht, wenn Unruhe sich einschleicht.

Drum statt Ruhe, Erholung in der Nacht,
hast du auf einer Sorgeninsel verbracht.
Dennoch das Geben fiel dir nie schwer
und nie waren deine Taschen leer.

Aus der Fülle gesucht, geschenkt und gegeben,
wer es bewahrte, erfuhr auch den Segen.
Doch Krankheit des Leibes fordern Tribut,
denn nicht alles bekam demselben gut.

Sachte, ganz sachte schlicht sich ein,
dieses und jenes verzwickte Zipperlein.
Drum wünschen wir für die kommende Zeit,
dass du genießt die traute Zweisamkeit.

Als deiner Frau Küchenchef erhalten zubleiben
und ja nichts auf die Spitze treiben.
Sollst deinen Enkeln den ganzen Opa schenken,
dazu auch an dich selber denken.

In diesem Sinne wünschen wir alles Gute,
Gesundheit, Kraft
und was sonst noch
dir täglich Freude schafft.

Weiterlesen? Im Handel erhältliche Titel des Autors:

Alle Bücher sind im Internethandel, im örtlichen Buchhandel und auch als E-Book erhältlich.
Mehr zum Inhalt der Bücher: www.buehler-zwetschge.de

Glauben ist einfach - oder einfach glauben
Paperback, 252 Seiten, 20 Farbbilder, ISBN 9-783-735-722-829
Leben ist Glück genug - Vom Schwarzwald zur Seefahrt bei der Marine
Paperback, 280 Seiten, 8 Farbbilder, ISBN 978-3-7357-4341-1
Aufwärts ist längst nicht oben
Paperback, 356 Seiten, 35 Farbseiten, ISBN 978-3-7357-3905-6
€ 22,90 inkl. MwSt. – E-Book € 12,99

Tod am Lisengrat – Eifersucht unter ungleichen Brüdern
Paperback, 116 Seiten, 2 Farbbilder, ISBN 978-3-7347-5255-1
Drama am Breithorn
Paperback, 108 Seiten, 6 Farbbilder, ISBN 978-3-7347-6513-1
Verschollen am Großvenediger – Hilflos in eisiger Sphäre
Paperback,156 Seiten, 11 Farbbilder, ISBN 978-3-7386-4548-4,
Mord in Hintertux – Tatort Zillertal
Paperback 104 Seiten, 18 Farbbilder, ISBN 978-3-7392-1513-6

Resi's Gedichte und sonst nichts
Paperback, 144 Seiten, 8 Farbbilder, ISBN 978-3-7347-7196-5
Lach mal wieder - Eine Sammlung auf 288 Seiten von 163 Liedern, Vorträgen und Sketschen
Paperback, 288 Seiten, 7 Farbbilder, ISBN 978-3-7357-4005-2

Zu Fuß dem Südwesten hautnah
111 Tipps und mehr - ein etwas anderer Wanderführer
Paperback, 260 Seiten, 46 Farbbilder, ISBN 978-3-7386-2881-4
Deutsch-Französische Liaison - C'est la vie
Paperback 116 Seiten, 13 Farbbilder, ISBN 978-3-739-223-629

 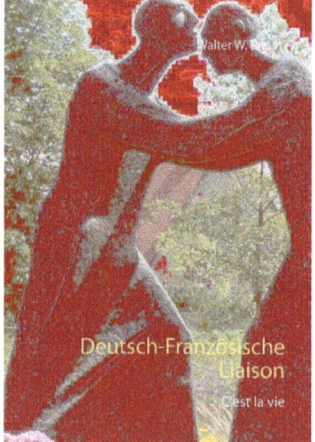

Der Spieler - Ein ungewöhnlicher Kriminalfall
Paperback, 132 Seite und 6 Farbbilder, ISBN 978-3-7347-7619-9
Gesellschaftskritisch aus Erfahrung
Zu fit für den Ruhestand - zu alt für einen Job
Paperback, 108 Seiten, 11 Farbbilder, ISBN 978-3-7357-4321-3
Über Grenzen gehen - Wenn einer eine Reise tut…
Paperback, 360 Seiten, 26 Farbseiten, ISBN 978-3-7347-4692-5
Im Bannes des Moospfaff
Paperback, 120 Seiten, 10 Farbseiten, ISBN 978-3-7412-2660-1
€ 7,99 inkl. MwSt.

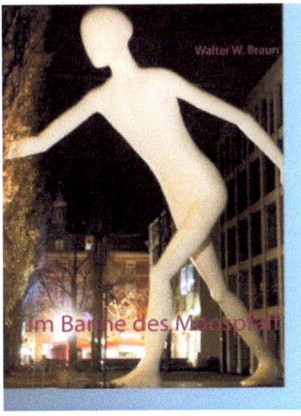